我们看好中国

世界政要精英共论中国

环球时报 记者全球采访

WE ARE
OPTIMISTIC
ABOUT CHINA

国际关系研究专家
张维为 金灿荣 作序推荐

谢戎彬 谷棣 主编

中国出版集团公司
华文出版社

图书在版编目（CIP）数据

我们看好中国/谢戎彬,谷棣主编.—北京:华文出版社,2017.8
ISBN 978-7-5075-4720-7

Ⅰ.①我… Ⅱ.①谢… ②谷… Ⅲ.①中国—概况 Ⅳ.①D61

中国版本图书馆CIP数据核字（2017）第158180号

我们看好中国

主　　编：谢戎彬　谷　棣
责任编辑：杨艳丽
出版发行：华文出版社
社　　址：北京市西城区广外大街305号8区2号楼
邮政编码：100055
网　　址：http://www.hwcbs.com.cn
电　　话：总编室 010-58336223　编辑部 010-63426125
　　　　　 发行部 010-58336271　010-58336212
经　　销：新华书店
印　　刷：北京明恒达印务有限公司
开　　本：710×1000　1/16
印　　张：20.25
字　　数：240千字
版　　次：2017年8月第1版
印　　次：2017年8月北京第1次印刷
标准书号：ISBN 978-7-5075-4720-7
定　　价：42.00元

版权所有，侵权必究

目录

序言一　　　　　　　　　　　张维为　001
序言二　　　　　　　　　　　金灿荣　005

第一章　中国式贤能政治 /001
美国著名作家、中国问题专家罗伯特·库恩说："要了解中国，就必须理解中国共产党。"越来越多的西方学者、政要和民众越来越认同这一观点。"中共学"成为国际学界了解和解读中国的热门"学科"。因为一个国家如果有一个能够真正代表人民整体利益的政治力量，胜出的可能性就比较大；如果没有，走向衰败的可能性就比较大。中国有今天，正是因为如此。

第二章　深厚的中国文化 /043
高速发展获得的成就，虽然得到世界各国的钦佩，然而中国的发展模式和传统文化一直很难被世界所理解。澳大利亚前总理陆克文认为：未来存在很多不确定性，但是"中庸之道"作为先贤哲学，是不错的治世方略。它不偏不倚处理问题的思路，也许能帮助缔造亚太区域的共同安全、实现亚太区域的繁荣发展。

第三章　和平大外交 /093

过去 30 多年的高速发展使中国的国际影响力日益增强，中国崛起成为世纪之交国际关系中最引人注目的变革。对于中国的外交政策及其可持续性，国际上存在不少争论。回顾过去这几十年，正是和平发展让中国得以长期保持国内及周边稳定，进而使其能在推动国内改革、解决内部问题方面迈出坚实步伐。

第四章　"一带一路"：中国与世界对接 /135

在牛津大学拜占庭研究中心主任彼得·弗兰科潘看来："一带一路"在重新塑造未来世界。他在评价"一带一路"时说："一带一路"强调"合作"与"协作"，中国不是只盯着自己的利益，而是同时重视其他国家的利益。这是一种应对周围世界非常积极和开明的方式。习近平主席提出的"一带一路"倡议对于中国的长远经济发展非常有帮助，而且能维护整个地区的稳定。

第五章　创新驱动中国 /175

创新会使中国制造业更强。但中国制造业不会"一夜之间"变强，可能需要 10 到 20 年的时间。比如，日本花了 30 年，从 1950 年到 1980 年，才在几个产品领域成为世界强者。这个过程对中国来说可能会快一些，因为中国有很大的国内市场。

第六章　世界需要中国 /219

古老的中国对世界历史的影响源远流长,塑造了重要的人类文明和文化;中国人民的聪明才智以及对知识的尊重推动了科学和技术的进步。中国有着悠久的历史,如今它对世界格局与稳定的重要性史无前例。中国是世界经济的引擎,其领导力对国际社会努力克服经济衰退、信心不足和沮丧至关重要。

第七章　共享历史共创未来 /261

有关"美国世纪"或"中国世纪"的问题,"软实力"概念提出者约瑟夫·奈认为:美中两国必须合作。虽然也有冲突,但双方在很多问题上只有合作才能成功。比如气候变化问题,双方都无力独自应对,只能携手,这就是"非零和"关系的例子。因此,两国必须去思考如何与别国一起强大,而非只是想着如何比别国更加强大。如果美中合作,就能解决一些问题,否则结果必定相反。

跋——中国的发展不是说翻就翻的小船 /305
编后记:让中国好上加好 /309

序言一　我一直看好中国

张维为

复旦大学中国研究院院长

本书的编辑联系我做序，正值我在德国席勒研究所做了一个关于中国道路及其世界意义的演讲，演讲的主题也正好与本书的主题"我们看好中国"相吻合。看好中国的原因并不复杂，因为中国已经找到了符合自己民情国情的成功之路。我把中国道路放在全球化国际比较的大视野下，提出了三条比较的标准。

一是看一个国家有没有一个能够真正代表人民整体利益的政治力量。如果有，胜出的可能性就比较大，如果没有，走衰的可能性就比较大。坦率地说，中国今天有，而美国没有。

二是看一个国家能否既发挥好市场的作用，又发挥好政府的作用。唯有把市场的作用和政府的作用有机地结合起来，经济才能真正成功。单靠市场经济，或单靠政府的作用，在今天高度全球化的背景下，都难以真正成功。中国的混合经济模式，虽然还有待不断完善，但在国际比较中已明显胜出。

三是看一个国家是否有足够的整合能力和改革能力。在全球化和新技术革命时代，所有国家都面临整合能力和改革能力的挑战，没有这样的能力，那么社会将是分裂的，体制将是僵化的。综观整个世界，其实各国都需要改革，而真正能够推动实质性改革的国家大概只有中国等为数不多的几个国家。

正是在这个意义上，我一直看好中国，看好中国道路和中国模式，看好中国的未来。本书的主要内容其实也与这三条标准有关：首先是对中国共产党认识的深化，中共是整体利益党，这与西方所有政党几乎都是公开的部分利益党形成了鲜明的对比。匈牙利总理欧尔班似乎也悟出了这一点，他感叹："20多年前，我无论如何也想象不到中东欧国家政党能够与中国共产党对话，更重要的是，欧洲国家的政党基本上都是以意识形态、价值观而聚，只有中共才有这种号召力，能让几十个欧洲国家的政党坐在一起共商大事，寻求合作"，他也因此而感叹中共在如此短的时间内就改变了如此众多百姓的命运。无疑，整体利益党的意义是超越中国国界的。

其次，书中许多论述都触及了中国的混合经济模式，看到了中国模式在保持经济增长，提高人民生活水平，实现创新驱动方面的独特优势。此外，书中还有许多对中国整合能力和改革能力的高度评价。从制度比较来看，西方模式在这三个方面都弱于中国模式。这是西方社会现在乱象频出的主要原因。从英国公投脱欧到美国大地产商特朗普上台，西方模式今天给整个世界带来了诸多不确定，正如英国《金融时报》副主编菲利普·斯蒂芬斯所说，"整个世界从未同时面临过这么多的问题，欧洲也显得支离破碎"。相比之下，中国道路展示了自己的定力，中国为这个不确定的世界提供了确定性，这无疑是今天世界最稀缺的公共产品。

本书还介绍了外部世界对于中国道路成功背后的中国文化因素的认知。越来越多的海外学者也认识到，中国选择社会主义道路的一个主要原因,就是中国传统文化中的社会主义基因,例如,儒家文化注重民生和平等,这意味中国文化传统与社会主义的核心理念比较吻合。今天中国社会主义的一些主要概念,如"温饱""全面小康""共同富裕"等,都可以在中国传统文化中找到基因,如"国以民为本,民以食为天""不患寡而患不均""天下归仁、世界大同"等。当然,中国社会主义不只是固守传统,而是融入世界,参与竞争,汲取别人的长处,但不盲从,不失去自我,最终目标是把中国建成成一个真正富裕、强大、公正的社会主义现代化国家。

本书还展现了《环球时报》的一贯风格:无论是对资深官员的专访,还是深度的专题报道,还是顶尖学者的文章选用,都在记录各种见解的同时,也记录下了这些年中国和世界所经历的各种事件,包括中国与许多国家双边关系中的大事。热点事件与真知灼见相互交织,使我们在看到世界跌宕起伏的同时,也看到了中国崛起之来之不易,看到了中国道路成功对于中国、对于世界的深远意义,本书的主题"我们看好中国"也因此而得到了全面升华。

总之,我们真是看好这个伟大的国家!

谨为序。

2017 年 7 月 11 日

序言二　中国一定做对了什么！

金灿荣

中国人民大学国际关系学院副院长

两年前，我为《我们误判了中国——西方政要智囊重构对华认知》一书做序时说："了解中国很难，但必须了解。"这次，我想说，一些国际人士看好中国，是因为"中国一定做对了什么！"

中国的崛起已成为一个不争的事实，但迄今为止，以西方为代表的外部世界还很难理解这个事实。一个重要的原因是按照西方的理论和西方意识形态来看，这个事实不应该出现，因为我们的发展不符合西方的理论和意识形态。

从另外一个角度看中国发展，中国有些东西确实不符合西方模式，但符合事物发展本身的规律。我个人认为，理解中国崛起的关键，是要承认一个事实，即——中国实现了工业化。工业化是理解500年来世界史和中国史的关键，它比任何人造的"主义"的都更有解释力，所有的主义都是人造的，都可以挑战，所有的主义其实都是工业化的产物，而不是前提。西方能从全世界脱颖而出，是因为工业化。日本能从非西方世界脱颖而出，也是因为工业化。今天，中国的崛起还是因为实现了工业化。

坦率地讲，除部分外国精英真心看好中国外，我所接触到的一些西方人心里更多还是困惑，他们知道中国成功了，经济力量、军事力量、科技力量都摆在那里。但出于意识形态偏见，他们会觉得这不符合"常理"。为此，他们很困惑："中国不该行啊？中国怎么能行呢？这不科学啊！"西方的状态就是这样，知道中国成功了，却很困惑。

从联合国贸发会议(UNCTAD)、世界经合组织(OECD)、世界银行等世界权威经济机构的研究看，全球制造业的85%集中在北温带的三个地区，即东亚、西欧和北美。以中国为核心的东亚圈位列其中，这表明，中国文化中的某些东西是适合现代化的。本书所列举的中国式贤能政治和深厚的中国文化，对一些西方的人困惑有了很好的解释。

要知道，中国大陆的历史包袱比较重，学习现代化的过程比较艰难。但应该讲，新中国建立以来到现在，中国每30年工业化的发展成果就相当于当时欧洲100年的。今天的中国，可以说，在工业化方面达到三个指标：第一，制造业规模达到人类历史之最。2010年中国的制造业总产值超过美国，2016年大约是美国的160%，相当于美、日、德之和。这非常了不起。第二，中国的工业体系极其完整，联合国贸发会议列举的工业体系中国都有，从全球看，中国是唯一的。第三，中国的学习能力极其强大，逆向工程能力无与伦比。

日本和亚洲"四小龙"当年的成功，很大程度上是搭了西方的便车，而中国大陆的工业化发展更多依赖自己，尤其值得尊敬。中国大陆的工业化和新中国成立有关，也和中国共产党执政有关。在中国共产党的强大组织能力下，中国实现了扬长避短，把分散的社会组织起来。中国不仅根据工业化的需要重组社会，而且进取心极强，显示了强大的纠错能力。

最新的事实表明，我们中国文化所在的东亚地区，是世界三大制造业中心之一。在这一事实背后，我们可做如下判断：中国文化影响带来的是群体性现象，只要是中华文明圈的国家和地区，如日本，如四小龙，如受中国文化圈影响的越南，现在经济发展都表现不错。

相比日本、越南等国，中国大陆现代化的难度更大，历史包袱更重，而且想搭西方的便车也搭不了。但中国是幸运的，中国有动员能力极强的中国共产党，她承担起了推动中国现代化的历史责任。她有强大的组织能力和明确的现代化取向，虽然发展过程也犯过错误，但总能克服困难和纠正错误，推动着国家往前走。

其实，人类社会是经常犯错误的，从个人到公司，从政党到国家，都会犯错误。从国家间的长期竞争看，重点不是不犯错误，而是看谁的纠错能力强。如果一个国家连纠错的愿望都没有，把错误当成国家命运的一部分就接受了，或者在纠错的过程中出现更多的错误，那么，这样的国家就不可能前进。中国是一个纠错愿望和纠错能力都特别强的国家，这尤其表现在中国共产党身上。

虽然中国搞现代化的历史并不长，但因有深厚的文化底蕴，有强烈的实现现代化的愿望和能力，中国发展的未来前景才被世界看好。

在西方仍保持困惑的心态下，中国该做的是，完成制造业的彻底现代化，始终不渝以经济建设为中心，让中国的技术、产业结构、管理水平、品牌效应都达到世界一流水平。目前，中国工业化的量很大，体系也完整，学习能力强，但有时学习能力强还停留在"山寨"能力强的阶段,也就是创新还不够,产业等级、技术等级、品牌影响等方面还和西方有差距。前景是好的,但需要艰苦的努力去实现。

2017 年 7 月 20 日

第一章　中国式贤能政治

美国著名作家、中国问题专家罗伯特·库恩说:"要了解中国,就必须理解中国共产党。"越来越多的西方学者、政要和民众越来越认同这一观点。"中共学"成为国际学界了解和解读中国的热门"学科"。因为一个国家如果有一个能够真正代表人民整体利益的政治力量,胜出的可能性就比较大;如果没有,走向衰败的可能性就比较大。中国有今天,正是因为如此。

[美] 约瑟夫·奈

中国模式是高效治理和市场的结合

哈佛大学肯尼迪政府学院教授约瑟夫·奈是"软实力"概念的提出者,他非常关注中国的"软实力"提升,也曾多次直言不讳地提到中国"软实力"建设的问题。2015年2月,约瑟夫·奈在接受《环球时报》记者专访时坦率地谈了自己的观点,他认为,真正有效的文化输出,是让人们在无形中通过感受中国文化的魅力,从而敬仰中国文化,觉得中国是一个友好的国家。

环球时报:在您看来,是什么原因限制了中国的"软实力"增长?

约瑟夫·奈:目前,中国通过很多方式提升自己的"软实力",如通过办孔子学院增强中国文化的吸引力,以经济的成功增强人们对中国的仰慕,也通过举办世博会、奥运会等世界性活动吸引全球目光,更通过官方媒体,如中央电视台、新华社走出去的战略,在国际舆论场上加强中国的声音。

但在这个世界上,许多国家的"软实力"增长是源自公民社会而非政府行为。"软实力"的塑造和人有直接关系,是人创

约瑟夫·奈

造了"软实力"。从民族主义的角度说,民族主义也限制了中国"软实力"在和其有领土争端的国家的增长。我并不是要分析中国做得对还是错,也不是要对谁该拥有争议区域的主权做出判断,但中国的"软实力"的确很难投射在和其发生领土争端且同样有民族主义情绪的国家。

真正有效的文化输出,只能让人们在无形中通过感受中国文化的魅力,从而敬仰中国文化,觉得中国是一个友好而不咄咄逼人的国家。这种想法将有助于建构中国外交政策。

环球时报:"历史终结论"的提出者、美国学者福山在其新书《政治秩序与政治衰败》中,对自由民主在全球遭遇到的挑战进行了系统性的反思,他认为,现在唯一看上去可以与自由民主相竞争的体制是"中国模式",但美国和欧洲50年之后在政治上并不会变得更像中国。您怎么看这种观点?

约瑟夫·奈:未来社会政治发展模式的选择不是意识形态之争。所谓的"中国模式"就是将政府高效的治理和市场经济联合起来的模式,但我不确定这种模式是否可以推广,即便是在一些政府控制能力很强的非洲国家,他们在经济上也未必能取得中国的成就。中国固然会有自己的发展路径,但未来会怎么变,我也不确定。当然,未来世界的发展模式也不会是欧美化的。

环球时报:福山在他的新书中,也对美国政治的衰落进行了反思,您怎么看这种反思?美国是否需要加强政府控制力?

约瑟夫·奈:我认为福山夸大了美国政治制度的衰败。事实上,美国的政治制度在不少方面都有所改进。对政府的不信任,是根植于美国的制度之中的。美国政府就是建立在权力制衡的基础上,强调自由先于效率,这是18世纪之初建国之父们制度设计的理念。

有人抱怨(美国)政府出现机能障碍,一无所成,但事实上在2009年到2010年我们的国会通过了财政刺激法、医疗改革法、军备控制条约,解禁了军人同性恋,这些都是很大的改变。如果政府是僵化、无所作为的,那么这些改变又是如何做出的?我认为政府做的比福山认为的好许多。

(约瑟夫·奈是哈佛大学肯尼迪政府学院教授、"软实力"概念提出者。本文由邬宁宁采写。)

我们看好中国

国际学界透过"中共学"解读中国

"要了解中国,必须了解中国共产党。"越来越多的西方学者、政要和民众近来正形成这样一种认识。2015年5月底举行的美国书展上,中国首次以"主宾国"身份参加,在参展的900余种英文书中,《习近平谈治国理政》和"解读中国共产党"系列新书因讲述"中共自己的故事"而受到广泛关注。在一些西方国家,过去对中国执政党的关注常夹杂着困惑与误解,但伴随中国的发展和强大,海外对中国共产党的了解需求不断增加,国际学界对中共的研究也更加理性。

在美国"讲好中共故事"

美国书展期间,美国著名作家、中国问题专家罗伯特·库恩在《习近平谈治国理政》推广发布会上说,一直在关注习近平治国理政的方略,以及他新近提出的"四个全面"理论。库恩表示,对于世界而言,了解中国共产党特别重要,"只有人们更加了解中共,才会更加尊重中国所取得的成就"。

除《习近平谈治国理政》外,美国书展上引人注目的还有《中国奇迹的奥秘》《依靠谁,为了谁:中国共产党的执政理念》《中国共产党是怎样执政的》《挑战与应对:迎难而上的中国共产党》《中国新时期反腐败历程》5本"解读中国共产党"的系列图书。库恩告诉《环球时报》记者:"要了解中国,就必须理解中国共产党。如果世界还不理解中国共产党,那么中国共产党的责任便是走向世界。"库恩认为,许多人不了解中国共产党,特别是不了解中国共产党从一个"革命党"到"执政党"的角色转变过程。当前,中国正处于重要发展阶段,其结果将影响整个世界,"了解中共是了解中国当前现状及预测其未来发展前景的唯一办法"。

库恩的观点得到不少美国精英的认同。哥伦比亚大学博士研究生阿伦告诉《环球时报》记者:"就好像你要了解美国就要了解白宫、国会、民主党和共和党一样,要了解他们的思维方式和运作机制才能了解美国的政策走向。"在翻阅有关书籍后,阿伦表示,他关注的是"中共在今后的执政中怎么更好地实现社会系统和生态系统的建设,如何给中国人带来更好的生活"。

美国GRANAT公司集团主任迪马·肖特福说,过去他和身边的很多人对中国共产党的认识还非常有限。这次书展让他思考,一个政党是怎么成功地让一个13亿人口的大国在短短几十年内发展成为世界第二大经济体的。

在美国国家可持续发展中心总裁米歇尔·斯坦利看来,美国普通百姓特别了解中国和中国共产党人的还不多,即使想了解中国的人有时也无暇阅读大部头的书籍。对此，正在美国进行学术交流的中国人民大学中国共产党历史与理论研究院学者路克利告诉《环球时报》记者，讲好中国共产党的故事，提升中国共产党的国际话语权，无疑就是在世界上"扩大中国话语权"。

在美国书展上，联合国开发计划署官员舒托夫在接受《环球时报》记者采访时表示，通过"解读中国共产党"系列图书，可以更好地让世界了解中国。他说，令其印象最深刻的是，书中介绍了中国共产党将大力发展民生、推动社会进步的事情，这与一些国家只注重资本的聚集，只惠及一小部分人的做法形成鲜明对比。舒托夫认为，一个国家越富有、越强大，就越要照顾到本国每一个人。

研究中共的西方学者多师从费正清

据《环球时报》记者观察，近年来，在华盛顿诸多智库中，涉及中国及中国共产党的研讨会日益增多。总部设在纽约的美中关系全国委员会、亚洲协会、外交关系委员会等大型智库的会员中，商界和学术界人士占很大比例。每当举办涉中国共产党或涉华研讨会或说明会时，这些商界和学术界人士与会率都很高。这说明要与中国发展关系就不能绕开中国共产党。

路克利2009年参加过哈佛大学费正清中国研究中心主办的以"中国60年：国际视角"为主题的国际研讨会，来自十几个国家近百名学者深入探讨中国共产党和社会主义问题。2012年11月底，中共十八大刚开过，费正清中国研究中心又举办专题为"中共十八大：中国政治的过去与现状"的学术会议。麦克法夸尔、傅高义、付士卓等20多位研究中共问题的专家发言，探讨中共十八大对中国政治的影响。在从事党史与理论研究的路克利看来，海外学界本来已有侧重古代中国研究的汉学和当代中国研究的中国学，而自改革开放以来，一门新兴学科——中共学逐渐在国际学界形成，作为一个综合交叉学科，它成为国际社会了解中国的一个重要窗口。

据路克利介绍，海外对中国共产党的研究由来已久。1924年，美国哥伦比亚大学就存有英文硕士论文《共产主义运动在中国》（该文附录中还有中共一大党纲）。1926年，苏联人葛萨廖夫撰写过《中国共产党简史》，强调中国共产党与共产国际的关系。1932年，美国外交官柯乐博给美国国务院报送《共产主义在中国——1932年来自汉口的报告》，向美国政府介绍中国共产党领导的红色政权。此后，美国记者斯诺1937年出版的《红星照耀中国》（《西行漫记》）、白修德和贾安娜1947年撰写的《中国的惊雷》等书都涉及中国共产党的革命历史。1955年，哈佛大学成立东亚研究中心，主要研究中国和中国共产党问题。当时从事海外中国共产党研究的学者已出版《美国与中国》《中国的共产主义运动与毛的崛起》等著作。

费正清等美国学者对中国共产党的研究直接或间接地影响了美国对华关系和有关政策。例如，20世纪50年代上半期是麦卡锡主义全盛时期，戴维斯、谢伟斯、范宣德等"亲共"左翼中国问题专家被美国国务院解雇或免职，有的被称为"中共的奸细"，费正清也受到右翼势力的指责，说他是"共产主义的同情者"，被称为"红色教授"。但即使这样，仍有麦克法夸尔等人在哈佛大学师从费正清。麦克法夸尔后来回忆说："虽然没有被鼓励支持中国，但实际上我们受到了影响，理性地认识到中国比苏联好。"费正清致力于要使美国人了解中国文化、历史和现实，尤其是了解中国革命和中国共产党。他认为，美国人在中国的失败"首先是对中国的认识错误"。尼克松访华前夕，专门参阅了费正清的名著《美国与中国》。

半个多世纪以来，海外涉及研究中国共产党的大学、政府机构和智库逐渐增多，出有专著的知名学者也有上百位。美国的一流大学和智库研究中国共产党的中坚力量大多直接或间接师承费正清。1987年费正清80岁生日时，有人列出110多位和费正清有着密切关系的学者。

西方研究中国共产党的代表性机构和学者主要有：哈佛大学的史华慈、麦克法夸尔、傅高义、柯伟林、赛奇等；密歇根大学的莫菲和费维恺等；哥伦比亚大学的黎安友等；芝加哥大学的杜赞奇等；斯坦福大学的魏昂德等；乔治·华盛顿大学的沈大伟、狄忠蒲等；约翰·霍普金斯大学的蓝普顿等；麻省理工学院的伊罗生、白鲁恂等；布鲁金斯学会的李侃如、李成等。

在北美研究中共的著名学者还有加拿大不列颠哥伦比亚大学的齐慕实等人。在欧洲，有剑桥大学的方德万、维也纳大学的魏格林等人；在澳大利亚有泰维斯等人；在日本有竹内实等人。

部分西方学者有多重身份，曾是政府官员，也是大学教授，如兰德公司的所罗门，曾担任助理国务卿，在密歇根大学任教。有的大学教授曾从事有关中共的媒体工作，也在政界或智库任过职，如麦克法夸尔曾于1960年在伦敦创办海外研究中共最具影响力的杂志《中国季刊》，还担任过英国议会下院议员，后来担任哈佛大学费正清中心主任。撰写《毛泽东传》的著名作家特里尔曾是哈佛大学的教授，现在也是一名独立学者。这些学者中很多人以"中国通"著称，他们的研究领域相对宽泛，而研究中共是其重要的一部分课题。

研究中共治理方式成为趋势

费正清曾说过，"（中共）滚雪球式迅猛发展，是一个巨大的组织奇迹"。近年来，一些其他领域的著名学者也开始转向中国共产党研究，如美国政治学者福山已在研究中国共产党治理模式。他认为，中国共产党创造的中国治理模式是西方发达国家自由民主模式的一种可能性替代。

据路克利介绍，海外学者对中国共产党的研究主要包括：党的性质、党的地位、党的历史、党的建设、党的思想理论、党的国际形象、党际交往以及毛泽东、邓小平等党的主要人物。值得关注的是，约瑟夫·奈认为，中国共产党正在从领导人民的"致富党"转为更加注重发展民主的"民主党"。2013年12月，约瑟夫·奈还在中国人民大学演讲时提出,"反腐就是增加中共的软实力"。近年来,狄忠蒲、赛奇等认为中共是更具适应性和坚韧性的党。

海外学者对中国共产党的研究,既有中肯之处,也有偏颇之虞。比如,仍有不少海外学者的中国共产党研究从西方中心论出发,抱着冷战思维和"西方普世价值观",存在较强的意识形态色彩,具有一定的局限性。比如,有的认为中国共产党是精英主义政治体制,有的仍把中国共产党称为"威权主义党",这些学者没有认识到中国的发展和进步。沈大伟前不久有关"中国崩溃"的论调也受到澳大利亚前总理陆克文的批驳。

2015年5月27日,库恩在香港《南华早报》网站撰文,向一些"同中国现实脱节"的人提出应该关注的几个问题,如"为什么中国选择一党执政""中共凭借什么长期执政""中共为什么能给中国带来显著发展""中共在新的国际环境中又面临怎样的挑战"。

冷战时期,由于苏联的国家信息对外高度封闭,西方学术界曾衍生出"克里姆林宫学"和"苏联学"等产物,以此研究苏共领导人的信息,试图找出苏联政局变动和对外交往的蛛丝马迹。而现在,中国和中国共产党呈现给世界的开放形象,使海外研究中国执政党更为便利。

(本文作者是《环球时报》驻美国特派记者:温宪、李秉新,中国人民大学学者路克利。)

【美】约瑟夫·奈

提升软实力是中国明智战略

编者的话：2015年春节前夕，"软实力"概念提出者约瑟夫·奈应中国人民大学学者路克利之邀，撰文再谈"中国提升国家软实力"，以下为文章节录。

软实力是一种依靠吸引力而非通过威逼或利诱的手段来实现目标的能力。一个国家的软实力主要来源于其文化、价值观和政策（包括对内政策和对外政策两个方面）。与通过强制和收买手段实现目标的硬实力不同，软实力的大小还依赖于对方的感受。如果一种文化对其他国家的人民没有吸引力，就不会在其他国家的人民心中产生软实力；如果一种价值观不被认同，或者政策在他人眼中缺乏合法性，也不会产生软实力。现在，中国正在努力增强文化外交的软实力，而文化正是产生软实力的三个主要来源之一。

中国有着极具吸引力的传统文化。国际游客往往会惊叹中国文化的博大精深，并被其深深吸引。近年来，中国已经在全球范围内创办几百所孔子学院，通过这些学院向外国人教授汉语和传播中国文化。尽管有些国家抱怨说这些孔子学院是中国用来搞政治宣传的，但总的看，中国政府已经知道如何办好这些孔子学院，并已经清醒地认识到，孔子学院要尊重国外大学的学术自由原则，这样才能有效发挥功能。

在中国，国际留学生数量已经发展到目前的36万人。中国国际广播电台扩大了广播覆盖范围。中国政府增加了对新华社和中央电视台的投入，力图推动它们发展成为全球性媒体巨人，能和彭博社、时代华纳和维亚康姆竞争。博鳌亚洲论坛也已经办成东亚的达沃斯论坛。这些做法，就是要通过发展软实力而非通过军事力量，在全球广交朋友。

中国也已经从经济政策中展现了巨大软实力。过去36年里，中国经济快速增长，取得了空前成就，几亿中国人摆脱了贫困。中国技术取得了巨大进步，如高铁正在走向全世界。在海外，中国对非洲和拉丁美洲的援助已经产生了巨大的软实力。最近的国际民调表明，中国的形象和影响力在非洲和拉丁美洲是积极向好并受到肯定的，虽然在欧洲、印度、日本和北美还不容乐观。

习近平主席强调要提升中国的软实力，这是一个相当明智的战略。因为中国的军事和经济硬实力在增长，如果不强调发展软实力，一些邻国会因为担心中国崛起对其构成威胁，进而结成平衡中国力量的联盟。如果中国在崛起的同时提高软实力，就能"安抚"这些国家，"软化"他们结盟的冲动。在过去十几年里，中国的软实力外交通常被称为"中国的魅力攻势"。中国的内外软实力都在增强，这种令人赞赏的正能量的政治局面，我称之为"正和政治"。

从国际民调的情况看,中国提升软实力任重道远。原因主要有两个:首先,中国民间社会的力量还有待开发。中国目前还没有像好莱坞那样规模的全球性文化产业,中国的大学还不能和美国的大学比肩,更重要的是中国仍然缺乏大量像美国那样能产生巨大软实力的非政府组织。《经济学人》的文章曾这样评论中国的软实力:"中国现在正努力弘扬传统文化,认为传统文化会有全球吸引力。"我认为,通过弘扬传统文化提升软实力还不够,还应该更加注重发挥民间社会的力量。

第二个问题是关于通过爱国主义提升中国软实力。中国共产党既注重经济的高速增长,同时也倡导爱国主义。爱国主义如果被外国误解成民族主义,就有可能削弱中国梦的广泛吸引力,引发一些周边国家的敌意。所以,通过爱国主义提高中国软实力要恰到好处。建议中国在推行有关南海的外交政策时,同时提高这些政策的软实力。

总之,明智的战略意味着要处理好软实力和硬实力的关系,努力使二者相互协调而不是相互矛盾。事实也越来越表明,提升国家软实力是中国的明智战略。

(约瑟夫·奈是哈佛大学肯尼迪政府学院教授、"软实力"概念提出者。本文作者是中国人民大学学者路克利。)

在中东欧感受中共号召力

"一带一路"倡议提出3年来进展顺利,互利共赢的理念和取得的成效引起国际社会的高度关注。2016年10月6日,"中国—中东欧政党对话会"在匈牙利首都布达佩斯举行,我在会议期间更是直观地感受到中东欧各国政党争相对接"一带一路"的热情。

本次对话会由中共中央对外联络部和匈牙利外交与对外经济部主办,是中共首次在海外举办以"一带一路"为主题的多边政党对话。来自中国和中东欧16国的近30名政党代表、智库学者等200人参加。中东欧国家的政党代表想了解"一带一路"的真实进展,并希望自己的国家能从中扮演一定的角色。

在开幕式致辞中,匈牙利总理欧尔班脱稿讲道:"20多年前(冷战刚结束时),我无论如何也想象不到中东欧国家政党能与中共面对面对话。更重要的是,欧洲国家政党基本是以意识形态、价值观划界而聚,只有中国共产党才有这个号召力,能让几十个欧洲政党坐在一起,共商大事,寻求合作。"他接着说,中共在短期内改变中国民众命运的领导力以及相互尊重、不干涉他国内政的价值理念都令人钦佩,这使人相信,中国提出的"一带一路"理念是真诚的,能给各国带来好处。他希望两国加强合作,除落实此前签署的匈中"一带一路"合作备忘录外,中国还能在匈牙利建立人民币结算中心。

捷克和摩拉维亚共产党(捷摩共)主席、捷克众议院副议长沃伊捷赫·菲利普希望把"多瑙河、奥得河、易北河水上走廊项目"列入"一带一路"规划中,这样可以打通黑海到汉堡的水路,还可使捷克成为中东欧地区的金融中心。他还推介捷克全民教育水平、政局稳定等优势,希望在场的中国高层领导多关注捷克。捷方的呼吁让保加利亚"斯拉夫人"基金会主席扎哈里埃夫看上去有些着急,为让保加利亚更多参与其中,他建议明年夏季在保加利亚举办"中国—中东欧政党对话会"。扎哈里埃夫说:"西方 G7 精英俱乐部已不能满足世界发展的新架构。我们需要新的范式。在中共带领下,中国保持着社会主义的基本信仰,摆脱了教条主义、本本主义的束缚,回应全球性的紧迫挑战,并与世界共享'一带一路'。"

克罗地亚前总统伊沃·约西波维奇从马可·波罗开始讲述欧中关系,并表示克罗地亚提出"三海倡议"(亚得里亚海、波罗的海和黑海)是中国与欧洲战略对接的重要平台。罗马尼亚社民党欧盟区议员多鲁·弗伦祖利克则引用中国名言"独木不成林""一花独放不是春""单音不成曲",讲述携手做好"一带一路"的重要性。他还结合去西藏考察的经历说:"在那么高的海拔，中国能进行那么多投入，在当地搞基础设施，这样的经验与精神是非常值得欧洲学习的。"阿尔巴尼亚、波黑等国政党代表还提到吸引中国投资和技术，以及如何学习中国引进外商投资的模式。

在会议茶歇期，我带的英文版《"一带一路"三周年进展报告》很受欢迎，几十份报告被索要一空。中东欧国家政党对中国和"一带一路"的高度关注让我思考，中东欧16个国家的国情不同，各自面临的地区和国际形势也不尽相同，但中共这些年按照"独立自主、完全平等、互相尊重、互不干涉内部事务"的党际交往四项原则，超越意识形态、社会制度和价值观的差异，积极开展同这些国家政党的交往与合作，获得了众多政治精英的支持，成为中欧关系的重要补充。这些政党日益成为中国和该地区国家关系发展的推动力，形成促进中欧关系发展的重要一环。

（本文作者是中国人民大学重阳金融研究院执行院长王文。）

【美】斯蒂芬·罗奇

"十三五"将稳固中国家庭信心

面对国内外严峻挑战,中共十八届五中全会通过了"十三五"规划建议,这是塑造中国2016—2020年经济和社会重点领域发展的战略性路线图。五中全会公告以及随后发布的规划建议提及中国面临的一系列问题,比如环境退化、农业现代化以及反腐和共产党的治理,等等。其中,有关经济的部分尤为重要。好消息是,五中全会对中国再平衡谜题中缺失的部分给予了特别关注——处在担忧和不确定感中的中国家庭的行为准则。这是朝着正确方向迈出的重要和明确的一步,因为中国正在向一个大为不同的全新增长模式进行必要过渡。尽管"十三五"规划详细内容在2016年3月正式提交全国人大审议前不会公布,但是对于"十三五"时期将要努力推进的工作,五中全会公报和规划建议已透露出一些重要线索。

增速6.5%不出意料但也突然

新的五年规划设定的整体经济目标并无太多出人意料之处。

规划建议只是笼统提到"经济保持中高速增长",直到习近平主席和李克强总理等领导人随后在不同场合发表讲话时,才将这一表述落实为"未来5年GDP保持6.5%左右增速"——维持这一速度,中国就能实现2020年比2010年人均收入翻一番的承诺。这略低于"十二五"时期7%左右的增长目标。但考虑到过去5年中国经济实际平均增速可能达到了7.8%——比计划增速高出10%,现在将"十三五"目标降到6.5%还是让人感到有些突然。其实,无论中国领导层还是学术界和智库,早就透露出中国经济降速的信息。鉴于很多论据充分的原因,比如宏观失衡、资源过度消耗、环境退化和污染、收入不平等持续拉大等,这个世界第二大经济体好像确实无法再像1980—2010年间那样保持10%的超高速增长。正因如此,五中全会公告和规划建议再次重申了广为外界熟悉的话,即中国必须实现向更具可持续性的经济增长轨迹转变。若用中国人的表述,就是强调经济增长要更加注重质量而非数量。

继承"十二五"经济结构转型目标

新的五年规划重申了"十二五"时期启动的推动面向服务业和消费的结构性再平衡目标。这一中国战略中的重要因素并未发生大的改变,新规划中提出的转变其实就是"十二五"的延续。笔者认为,"十二五"将载入史册,它在现代中国经济的结构性变革中扮演了关键角色。而"十三五"规划再次强调当前这个五年规划的关键点，即经济结构比 GDP 目标更为重要——西方金融市场和决策层对此依然充耳不闻，他们仍在迷恋 GDP 增速。如同以往一样，强调服务业和消费主导的再平衡并不意味着中国将忽视经济增长的传统动力来源。五中全会多次提及更先进和更具创新性的制造产业，强调高附加值工业的发展，即"中国制造 2025"和"互联网+"。重视这些领域显然十分重要，这也与中国领导层一直强调的以创新为基础的战略吻合。他们认为，这对避免落入"中等收入陷阱"十分必要。

聚焦家庭的不安全感

不过，"十三五"规划中有一项重点内容与以往不同——准备进一步提升社会保障体系的作用，使其对面向消费引导的再平衡起到催化作用。"十二五"在结构性调整的两个方面取得明显进展：一是由服务业引领的发展，为创造就业带来强大动力；二是城镇化，提高了那些从农村进入城市的人口的收入水平。尽管这一战略对于提升个人收入、改变中国经济产业结构异常重要，但它未能有效推动个人消费。目前，服务业对中国 GDP 的贡献已超过 51%，较"十二五"初期时的 44% 显著提升，但个人消费却仅占 37%，较"十二五"初期时的 35% 增长有限。一方面是服务业快速发展和居民收入大幅提升，另一方面却是选择性消费增长缓慢，究其原因，很大程度上在于中国家庭担心未来的不确定性，结果导致新增收入持续流入储蓄而非消费。

根据统计，2014年中国城市家庭的储蓄率超过了30%，较之十年前的24%出现大幅增长。

在讨论"十三五"规划时，五中全会准确提到这一关键约束因素。实施全民参保计划和城乡居民大病保险制度，整合城乡居民医保政策和经办管理，这是重要举措。划转部分国有资产充实社保基金也是如此。

同样重要的还包括，强调推动以户口为基础的城镇化进程。从根本上讲，就是要为全国大约2.7亿农民工提供社会保障福利。目前，中国人口中大约55%在城市居住和工作，其中只有36%在居住地享受社会保障福利。弥补这方面差距并解决农民工不安定感的唯一办法，就是推动户籍改革，而这也是"十三五"规划的前提之一。

中国人口政策的重大调整则是锦上添花。这一改革提了已有一段时间。1980年中国开始实施"只生一孩"的计划生育政策，当时是为遏制人口爆炸式增长，但该政策一直被认为不可持续。现在，人们希望"放开二孩"能有助于解决中国人口失衡和日益严重的老龄化问题。

五中全会宣布调整人口政策说明，中共十八届三中全会通过的部分举措并不足以解除中国的人口定时炸弹。很多人都认为，中国或许已经消费了1965—1985年间平均14%的就业人口增长所带来的人口红利。即使立即"放开二孩"，也不足以抵消联合国人口学家所预测的从现在到2020年适龄劳动力人口−1%的缩减速度。中国劳动力人口不断减少的趋势，最快也要到

2030年才可能出现好转。尽管如此,"放开二孩"仍是朝着正确方向迈出的正确一步。

总而言之,五中全会及未来的"十三五"规划聚焦于中国战略再平衡中缺失的最重要因素——中国家庭的担忧和不安感,这在很大程度上限制了他们在小康社会建设中发挥更加积极的作用。只有解决养老和医疗等社会保障问题并更加注重户籍改革带来的福利,才能将预防性储蓄转变为可支配消费。随着时间推移,对于家庭成员规模限制的解除将进一步提高中国家庭对于成员个人以及经济安全感的需求。缺乏这方面的信心,就不会有以消费为主导的中国。随着中国面临的挑战日益严峻,未来尽快高效落实"十三五"规划将变得越发重要。

(斯蒂芬·罗奇是耶鲁大学教授、摩根士丹利亚洲区前主席。本文由伊文译。)

【英】罗思义

中国两会为何受世界关注

中国每年召开的两会——全国人民代表大会和中国人民政治协商会议围绕的主要是国内焦点,确定经济目标、制定重要的法律、评估政府工作目标等。但现实却是,中国史上前所未有的经济和社会发展使得两会越来越成为受到密切关注的国际大事。

国际上对于今年两会的密切关注,反映了中国的长期趋势与当前特朗普政府带来的全球不确定性的共同存在。由于两会的国际影响会反过来影响中国,因此,分析2017年两会的国际影响也十分重要。

2017年两会,中国最重要的国内目标依然是在2020年前全面建成小康社会。虽然这是中国特有的术语,但如果与国际比较,它的巨大国际影响力便显而易见。

1949年中华人民共和国成立时,还是世界上最贫穷的国家之一,只有10个国家的人均国内生产总值低于中国。到2016年,国际货币基金组织(IMF)数据显示,全球人口中只有29.7%的人生活在人均国内生产总值高于中国的国家内,另有55.1%的人口生活在人均国内生产总值低于中国的国家内。如此大规模的、影响如此众多人群的经济繁荣转变，人类历史上此前从未有过。

如果2020年全面建成小康社会的目标得以实现，这一进程还将走得更远。IMF所做的国际预期保守预估，中国2017年至2020年的平均经济增长率为6.0%，低于中国2017年的经济增长率目标——6.5%。但即使如此，IMF的数据显示，到2020年，全球只有23%的人所在国家人均国内生产总值高于中国，中国将超过巴西等主要国家，中国的人均国内生产总值也将高于几个西欧国家。

按照这一趋势，在2020年之后的3年内，中国将会达到世界银行分类标准中的"高收入"经济体水平。

作为两会重要议题之一，中国社会成就则更加显著。人均寿命是人类福利的最佳指标，因为它综合了所有的积极趋势（高收入、良好的医疗、环境保护等）和消极趋势（贫穷、糟糕的医疗、污染等）。因此，中国所取得的社会成就甚至超过了其经济成就，这十分引人注目。世界银行的数据显示，只有18%的全球人口生活在人均寿命高于中国的国家内。

因此，尽管中国实现小康社会属于国内目标，但它的确有着巨大的国际影响力。达到这一目标将会进一步扩大中国在发展中国家中存在已久的影响力。

今年两会所反映出的全新国际背景是，中国与发达国家的相互关系。这部分反映出了长期趋势，如中国在2016年超过美国成为德国最大的贸易伙伴。但另外一个重要因素则是美国的特朗普政府。

特朗普已经抛弃了日本和澳大利亚费时数年谈判的TPP。许多发达国家不认可特朗普的保护主义言论以及他对欧盟、澳大利亚和其他美国传统盟国的言语攻击。特朗普从一些政策上后撤了，但同时也发出了相互矛盾的信息。美国政坛的建制派强烈反对特朗普所谓的俄罗斯联系，《纽约时报》等美国媒体还公开发出总统下台的呼声，这便造成了美国未来政策道路的不确定性，其他国家面临着不清晰、错误或相互矛盾的美国政策。

与美国相反，中国保持着稳定。然而，尽管中国的整体战略一以贯之，有些国家还是对中国成功实现"小康社会"所带来的国际影响抱谨慎评估的态度。由此带来了国际社会对2017年两会的浓厚兴趣。

（罗思义是中国人民大学重阳金融研究院高级研究员、英国伦敦经济与商业策划署前署长、世界百强企业顾问。）

【美】沈大伟

我不认为中国会崩溃，希望中国好
——美国学者沈大伟与中国学者王文对话实录

美国著名的"中国通"——乔治·华盛顿大学教授沈大伟（David Shambaugh）2015年3月在《华尔街日报》发表题为"中国即将崩溃"的文章，这种突喊"中国崩溃论"的做法不仅引起国际舆论的关注，也被很多中国人看成是"对中国发展的不必要干扰"。时隔一年，中国人民大学重阳金融研究院执行院长王文在美国与沈大伟进行了一次真诚和坦率的沟通。沈大伟教授表示，愿意公开发表澄清其对"中国即将崩溃"的看法。以下是双方对话的主要内容。

"我必须要澄清，说中国崩溃不是我本意"

王文：这次我主要来观察美国选举，并有机会见见美国的老朋友。我记得，几年前曾与你一起分析中国"软实力"崛起等议题，对你当时出版《中国走向全球：不完全大国》（相关书评认为，沈大伟在书中的观点是，尽管在外交、全球治理、经济、文化和安全等领域，中国取得了不可否认的成就，但中国仅成功地成为全球事务的参与者，而不是全球大国——编者注）也起到一些帮助。但我的确没有想到，在这本对中国充满善意的专著出版后，怎么在2015年3月突然发表《中国即将崩溃》这样的文章？

沈大伟：谢谢你来看我这位美国老朋友，任何时候我都愿意和你交谈。过去一年，因为那篇文章，许多中国朋友已不认为我是"老朋友"了。而且有很多中国媒体批评我，还不再邀请我去中国，这让我感到很伤心。因为没有任何中国媒体给我解释那篇文章逻辑的机会，也没有在采访我的同时再对我进行批评。在过去40年中，我一直维护着美中关系的发展，而且从我当年在南开大学当学生开始，已连续36年，年年访问中国。我还曾在中国生活过5年。我非常关心中国，希望看到中国在各方面取得成功。然而，作为一个学者，我也有专业的责任对中国的发展趋势尽可能地进行客观分析。我的义务是让国际社会尽可能了解中国。真正的友谊应以诚相待，不掩饰困难，不讳其言。在英语中我们称之为"严酷的爱"。请你一定要转告你在中国的媒体朋友，那些批判我的方式和措辞，我不太喜欢。

王文：其实，中国人一直认为沈大伟教授是理解中国的美国朋友，正因如此，那篇文章发表后舆论哗然。有许多人认为，"沈大伟不是为了中国好，而更像是在诅咒中国"。我想，这是目前中国舆论界与你个人互动的逻辑。

沈大伟：那篇文章标题（《中国即将崩溃》）是个问题。标题并不是我取的，而是《华尔街日报》编辑取的，他们需要博取读者的眼球，为报社赚取更多利润。当我在文章发表前日的晚上知道这个标题后，我让他们改标题，他们回复我："对不起，大伟（David），已经去印刷了，来不及了。"事实上，我整篇文章的逻辑不是在讨论"中国崩溃"，而是在讨论我关注的中国共产党的收缩（atrophy）问题。2011年，中国的中央编译出版社出版了我写的《中国共产党：收缩与调适》一书（相关书评认为，该书客观分析和描述了20世纪90年代以来西方学者关于中国共产党的或悲观、或乐观、或中间性的分析与预测，同时对近20年来中国共产党在组织和思想上的建设举措提出详尽分析，并在此基础上判断中国共产党实际上一直处于转型即"收缩与调适"的过程之中——编者注），那篇文章与这本书是一个逻辑。当时那本书在翻译过程中没有删除或改动，我认为中国很自信。但为什么这篇文章就会造成这样的误解呢？

现在，我必须要澄清，我不认为中国会崩溃，我也不希望中国崩溃，我不要中国崩溃，我喜欢稳定，也喜欢中国改革，包括政治改革、经济改革和社会改革。那篇文章只是我对当下中国的一种分析。许多外国的中国问题专家都在分析中国形势，有的很极端，但中国照样邀请他们去中国讲学，还能与中共领导人和学者进行诚恳和严肃的对话，谈及党务、改革现状以及中国未来的方向。几乎所有外国的中国研究专家（至少在美国）都很关心那些重要问题，并希望能够得到对话和坦诚交流的机会。我的分析正如在那篇文章中讲到的，目前的中国改革是所有美国分析人士没有想到的,有些悲观者认为非常糟糕,而我则认为,"会产生相当大的不确定性"。

《中国的未来》与《美国的焦虑》

王文:在我看来,中国当下的改革是真改革,比如反腐败。这些改革当然会触犯一些人的实际利益,引起他们的不适。我想,这是正常改革反应,需要更长时间去适应。

沈大伟:我在那篇文章里表达了我的担心,如中国富人外逃,把大量资产转移到国外,显示出对中国未来没有信心;如意识形态出现许多口号,有些宣传与人们真实想法之间的偏差。还有就是反腐败,我表达得很清楚,反腐很好,我非常支持,做得很正确,也很受大众欢迎。我给习近平和王岐山的反腐斗争点赞。腐败是侵蚀党、政府、经济和社会的癌症,必须解决它,否则它可能会导致中国共产党的灭亡。但我在那篇文章中说,反腐败过程中会出现新问题,如很多干部都很害怕,以至于很多人都不作为。他们担心自己的安全。这也产生了党员之间的不信任,还有就是经济下行的问题。

王文:我认为你在文章中提的这些理由事实上是对中国真实情况还不足够了解。我可以简单回应你:一是要把正常移民与资本外逃分开。过去几年,也有成千上万的人放弃美国国籍,那是否也表明美国人对国家未来没有信心呢?中国少数富豪担心"原罪",采取资本外逃的例子是有的,但大多是正当的移民，是目前全球移民潮的组成部分，但中国人多，移民总量也很大，显得更令人关注。事实上，像马云、王建林、任正非等富豪还都留在中国啊。二是对一些不法之徒的惩治，从后期公布的事实看，他们确实是应该被惩的，不能与所谓"压迫"画等号。三是中国政府对提出的一些发展口号非常注重落实。相反，奥巴马总统也喊口号，8年前他喊"是的，我们能（yes, we can）"，但8年过去了，美国似乎改变不大。四是反腐获得中国老百姓的高度拥护。显然，反腐不是经济下行的原因。中国经济下行更多是主动调整的结果。更重要的是，在中国当下如此巨大基数的经济总量上，每增长一个百分点，相当于10年前增长2.6%。事实上，中国那么大的体量，不可能永远维系10%的年增长率。为了生态与环境，增速下降也是正常的，而且目前看来，中国经济的结构正在好转。

我马上要出一本《美国的焦虑》的书。美国的问题也相当多。我并不是想为中国当下的不足辩护。我的意思是，中国过去30多年的发展过程，就是问题不断出现、然后不断解决的过程。问题出现与问题解决本身就伴随着进步。我比较困惑的是，为什么20世纪80年代，中国问题更多，但中国改革却得到美国学者与舆论的鼓励和支持，现在却没有呢？

沈大伟：你讲得有道理。我希望，咱们之间能有一个对话，我讲中国的未来，你讲美国的焦虑，可以相互点评。所以，在我的下一本新书《中国的未来》中，我会列举对中国改革方向上的一些判断。在我看来，中国改革和"十三五"规划取决于"有限的改革和有效的治理",我称其为"软威权主义"。假如中国共产党决定继续政治改革,那么经济改革也会变得顺利。

"中国改革需要很强势的领导人"

王文:说到改革选项,中国现在走自己的道路,是务实和有针对性的改革。我想,冷战结束以来,中国过去25年肯定是"犯错误最少的大国"。你不觉得吗?

沈大伟:是的。但我认为,中国未来的改革应该是结构性改革,不能像前30年那样。不是调整,需要系统性的改革。比如,中国金融部门需要进行全盘改革。但的确有很多人觉得触动了他们的利益。所以,我也承认,中国改革需要现在这样很强势的领导人。

王文:是,现在的中国改革的确很难,也产生了不少前所未有的挑战。但许多方面也正在改善,变得越来越好。

沈大伟:哦?有哪些变得更好的方面?

王文:我个人认为,至少有三方面:一是平民的发展机会增多,整个社会不是由少数精英垄断。政府鼓励创新、创业,使许多人找到发家致富的机会,现在中国有许多80后都是亿万富翁了。二是简政放权,简化审批流程。如果我没记错的话,2015年中国新注册企业比前一年增长21%。三是社会氛围正在变得健康。过去的社会交往充斥着各种饭局,现在人际关系比过去变得简单多了,不必有那么多应酬,甚至拉帮结派。

沈大伟：的确，你讲的核心是创造性、创新性。从韩国、日本的经验看，改革的核心是需要释放创造性。创造性有三个方式，自上而下、自下而上和来自外部的创新，政府投资引导非常好，自下而上的创新是需要"软政治"来扶持的，创新是全球性的，中国需要和外国更好衔接。只有政治体制改革更开放，创新才会更好，社会才会有更多的机会。

王文：目前，中国社会的创新与机会还是不少的。比如，我接触到的在美国的中国留学生认为："应回国发展，中国的机会更多。"再就是我所在的智库过去3年发展很快，这是社会与时代给予我们这批人的机会。但我的核心意思是，仅从3年的时间看中国的发展如何显然太短，更不能就这一轮改革进行结论性的判断。

沈大伟：你讲得对，可能需要更多的时间，但不管怎样，我在分析中国改革发展时是发自内心地希望中国好，不希望中国崩溃。请你一定要把我的这层意思告诉中国人。

（沈大伟是美国"中国通"、乔治·华盛顿大学教授。本文作者是中国人民大学重阳金融研究院执行院长王文。）

外媒看好中共

中共如何引领中国走向成功

美国《纽约时报》2017年2月23日文章,原题:共产党是如何引领中国走向成功的。

51岁的韩博天(塞巴斯蒂安·海尔曼)是德国墨卡托中国研究中心创办总裁和特里尔大学政治经济学教授,其主要著作之一是《关于中国是如何治理的综合指南》。在本文作者的一次采访中,韩博天讨论了中国政治制度未得到充分认识的长处。

问:你提出的一个关键问题是,中国的成功在多大程度上能归功于这个政治制度。答案是什么?

答:有几个关键因素。一是中共成功地制定了长期政治目标,比如工业或科技现代化,或基建规划。邓小平在20世纪80年代展示的是,中国的政治制度能集中资源于当务之急。在发展初始阶段,这是一种优势。

另一个关键因素是试验。在西方,我们忽视的东西是,中国体制的灵活是何等得出人意料。这种灵活已被经济特区的试点项目和地方上的试验所证实。

问：你阐述了这种灵活性如何诞生于共产党的革命实践。

答：这个非常重要，因为我们必须问自己：社会主义体制是如何得到这种在东欧没有看到的适应性的？这是因为中国共产党在20世纪三四十年代的具体历史经验。当时，共产党控制着非常分散的地区。所以，当中国共产党尝试进行土地改革时，是通过试验和分散的方式进行的。这与苏联有本质区别。

问：现在有些国家正在把中国视为一种模式。中国可能是模式吗？

答：之前很多年里，我都会说不能。但许多国家正在艰难地应对紧迫的基本问题，比如维持内部安定、建设基础设施以及解决就业。对这些基本问题的处理，中国指出了一个方向。中国模式不可重复，因为其他国家没有一个具有特殊历史和特征的共产党。但就解决方案而言，中国经常用以说明如何用不同方式处理问题。因此，当人们想知道西方模式是否无可匹敌时，中国经验是一个永恒的问号。

（外媒作者是伊恩·约翰逊。本文由传文译。）

中国更易出能干的领导人

美国《赫芬邮报》2015年6月15日文章，原题：中国比美国更容易出能干的领导人？

中国的精英治国模式是不是比美国的民主选举更容易出能干的领导人？在关键方面，这似乎是肯定的。

精英治国在中国由来已久。其现代形式始于后毛泽东的改革时代。"文革"后，中国领导人认为公务员应拥有管理技能、专业知识及对中国和世界的广泛了解，这是领导国家实现全面现代化和获得全球性影响力不可或缺的。因此，中共领导人强调遴选和提拔干部应基于专长而非革命热情。

20世纪70年代末，中国政府恢复高考制度，大多数官员的第一步就是上大学。之后，他们必须入党——学生入党竞争激烈，通常党挑选的是学习成绩好、具备领导才能的学生，特别是来自名牌大学的。90年代初，中国政府建立公务员考试制度，如今大多数有志于从政的大学生必须通过这一关。

对县处级以上干部管理的最重要条款，包含在中共2002年发布的《党政领导干部选拔任用工作条例》中。对于党政干部的任命和晋升有教育水平和工作经验的要求，且级别越高，要求越严。

一般来说，官员要做到高层，必须先从基层做起。公务员要升到副部长的岗位，至少需要20年。在此过程中，他们一般要经历职位轮换，在政府、国企和具有政府背景的社会组织，以及在国内不同地方任职。名列前茅的候选人被送往党校和行政学校接受进一步培训，许多有前途的官员还被送到国外深造。

中国有700万各级领导干部，但平均14万名干部只有1人能升至省部级。其中少数精英进入党的中央委员会，然后是政治局。而政治权力的顶层成员——政治局常委——通常担任过两个省的省长或省委书记。简言之,高层领导人必须经过一连串的绩效考核,且积累几十年广泛且多样的行政经验。

总的来说,过去30年来的政治改革,一以贯之的是中国模式的总原则:政府级别越低,政治制度就越民主;最底层与最高层政府之间更有可能进行试验,包括新做法和制度的试验;而政府级别越高,政治制度就越精英。

在笔者看来,这种垂直的民主精英政治,是一个大国调和政治精英与选举民主的最佳方式。

(外媒作者是丹尼尔·A.贝尔。本文由陈俊安译。)

中国领导人比我们的优秀

美国政治网站2015年8月26日文章,原题:中国的领导人比我们的更好?

两场选举相隔6000英里,其中一场中,肯塔基州参议员兰德·保罗拿电锯对着美国税法,德州参议员泰德·克鲁兹享用着他在枪管上烤的培根,新泽西州州长克里斯·克里斯蒂说美国教师工会"欠揍",而唐纳德·特朗普用唐纳德·特朗普的方式出尽风头。

另一场选举中,12名部长在北京汇聚一室为下任中共中央中组部秘书长投票。两位"决赛选手"都是从世界上最苛刻的领导力考验中脱颖而出的。仅在最后阶段,中共党员就提名约12人参选;一场笔试将其人数缩减为5人;由高级官员和政策专家参与的面试又将人选缩至3人;他们都将接受贪腐和政绩调查;最后两位要面临资深部长们的投票,最终当选的概率约为1/140,000。

我们沉溺于我们的民主方式——连电锯和培根都用得上。但我们有多少信心能证明自己做得对?我们能在多大程度上肯定通过我们这一套选出的领导人无论党派和信仰,都能和他们那一套选出来的人水平相当?

这就是《中国模式:贤能政治与民主的局限》一书让人关注的原因。近几周来,中国或许因其股市大跌——而非其日益显现的意识形态挑战——而屡见报端。但我们若以上证指数为由而不认真考虑相关挑战,那将是沾沾自喜且毫无远见。

而该书作者、研究儒家传统的加拿大政治理论家贝淡宁提醒我们,中共的政治领导已从马克思主义群众斗争转向颇具儒家"管制"理念的贤能政治。从最基本层面看,美中拥有共同目标:我们都希望领导人英明有为且胸怀天下。但我们就如何找到这样的领导人而产生分歧。在无论何时何地都给出"一人一票"的答案前,我们应三思而后行。

贝淡宁认为,问题在于民主选举能否产生良好效果,尤其是在那些缺乏悠久政治权益传统的国家,甚或在美国亦不例外。我们中仅有极少数人是税收政策、气候科学或地缘政治专家,但所有选举都要求我们对这些领域做出判断。

即便存在所谓"群众智慧"效应，但我们中有77%的人相信外星人曾光顾地球，相信人类进化论的不到一半……我们能指望这样的公众在科学和经济等事务上做出良好判断？这并不是说半数美国人"傻"，只是想指出这套体系中存在的缺陷，政治无知只会促成贝淡宁口中"选民的暴政"。

贝淡宁使"一人一票"选举走下神坛的观点算不上太新颖，但其更有新意之处在于不停将其与正在逐渐发展的中国"贤能政治"相比较。后者主要基于领导人的能力和德行均为客观素质的主张。且就衡量这些素质而言，有些比通过公众感受"筛选"更直接，如GDP增速和近来新增的环境可持续性等。正如贝淡宁所言，中国"最高领导人须积累数十年各种治理经验，仅有极少数人能抵达'制高点'。例如，习近平主席经过近40年励精图治和16次重要晋升才成为中国国家主席"。

所以，就在中国股市大跌引发外界对中国救市能力发出新质疑之际，我们难道不该对中国的政治架构感到好奇？毕竟与这种政治架构相伴的是中国长达30年的经济迅猛增长，以及人类历史上最大规模的脱贫壮举。面对中国延续1500多年的精英选拔传承，我们难道不该至少对选举制民主的前景产生些许谦卑之情？

（外媒作者是罗布·古德曼。本文由王会聪译。）

"贤能政治"令中国强大

韩国《中央日报》2015年5月4日文章,原题:韩国总理不堪史,窥探中国的贤能政治。

笔者曾采访甘肃省兰州新区管委会副主任李西新,他是清华大学博士毕业生,是学识与能力俱佳的人才。笔者问他为何不在中央部门就职,却跑到偏远地区苦干?他的回答是:我们党的用人培养方式就是先在地方磨炼、积累经验,而后再走向中央。

确实如此。胡锦涛30多岁开始先后在甘肃、贵州、西藏等地工作;习近平主席年轻时从基层干部做起,先后在福建、浙江、上海等地工作。他曾就职过的这些地方所管辖的人口加起来约为1.5亿,相当于一定规模国家的人口数量。可以说习近平主席在担任国家主席前,已经历并积累了一些"治国"经验。

要成为中国国家领导班子成员,必须在每次晋升时通过严格的考核与审查。该过程的执行机构中组部,是管理8000万中共党员干部的庞大人力资源组织,周密而不动声色地进行管理。优秀人才会被送到党校接受教育,将晋升要职的干部会被派到地方"挂职"2到3年,因为只有了解地方实情,才能制定出实效性高的政策。

"中国为何如此强大?"对这一问题,在清华大学教政治学的加拿大籍教授贝淡宁认为,答案在于共产党的人才运用体系,即挖掘能力出众的人才并将其培养成为国家领导人的用人体系。贝淡宁将其称为"贤能政治",他认为这种制度有利于挖掘出道德(贤)与实力(能)兼备的人才。

这是一党专政国家才有的特征。与通过竞选决定国家领导班子的西方不同,中国只能通过不断地内部自我革新来维持体制。这当然也有些弊端。即便如此,之所以要看看中国的"贤能政治",是因为韩国目前的政治体系运转不是很顺畅。相继有两名总理辞职、3名候选人落马,堪称"总理不堪史"。这令人不由怀疑,"听证会"这种民主制度真能选出德才兼备的人才吗?

(外媒作者是《中央日报》中国研究所所长韩友德。本文由金惠真译。)

第二章　深厚的中国文化

高速发展获得的成就，虽然得到世界各国的钦佩，然而中国的发展模式和传统文化一直很难被世界所理解。澳大利亚前总理陆克文认为：未来存在很多不确定性，但是"中庸之道"作为先贤哲学，是不错的治世方略。它不偏不倚处理问题的思路，也许能帮助缔造亚太区域的共同安全、实现亚太区域的繁荣发展。

【美】宋怡明

从历史的角度看中国的发展

2016年年初接任哈佛大学费正清中国研究中心主任的宋怡明（Michael A. Szonyi）教授是笔者在美国访问交流期间的合作导师。这位加拿大学者2005年起执教哈佛大学，擅长利用历史人类学和田野调查方法研究中国东南地区的社会史，著有《实践亲缘关系：明清家族组织研究》《冷战岛屿：金门前线》《明清福建五帝信仰资料汇编》等，并到访过中国上百次。应《环球时报》之邀请，张梅博士和宋怡明教授就如何评价中国当前的社会发展、"世界公民"的形象和地位等问题深入对话，在他看来：中国崛起是世界历史上独一无二的大事件，下一步是解决好连美国智库都高度关注的"中国面临的关键问题"。

中国百姓的生活和社会自由度有非常大的进步

张梅：您读多伦多大学时主修国际关系，选修中文课程，与现在中国家喻户晓的加拿大明星大山还是同学。您为什么对研究中国问题感兴趣？

哈佛大学费正清中国研究中心主任宋怡明（Michael A. Szonyi）

宋怡明：我知道很多中国观众喜欢大山，以至于现在一回到加拿大说起大山就有同胞取笑我："你做到哈佛教授有什么了不起，你看人家大山！"（笑）说到我与中国的缘分，这要从我小时候母亲给的一本儿童读物说起，书中讲述了一只小鸭子在长江游泳的故事。13岁时我到武汉看望当时在华中工学院（华中科技大学的前身）任教的父亲。高中毕业后，我主动选择到华中工学院教英文。现在回想，这一选择改变了我的人生！当时中国刚对外开放不久，经济没有现在这么发达，交通也不便利，但中国社会治安状况良好，外国人在中国旅行是非常安全的。因为我来自加拿大，而白求恩大夫在中国尽人皆知，所到之处大家对我都甚为慷慨，经常遇到吃饭时店家不收我钱的情况。

张梅：今天的中国与过去的中国相比有了很大变化。

宋怡明：我20世纪90年代初在福建螺洲的一个小村庄做田野调查时，寄宿的村民家还很穷，夫妻两人育有三个孩子，可家里只有两张床，条件真的是相当艰苦！事实上，如果从我当时看到的来说，中国改革开放30多年来所发生的变化简直不可思议！中国的发展速度完全超出我的预期，我认为这是非常值得中国人骄傲的成就，也是让世界各国都非常钦佩的成就！中国的老百姓无论是从收入、生活享受，还是社会自由度等方面来说都有了非常大的进步。说到中国今天所取得的成就，我和我周围很多中国朋友的感觉有些出入，他们认为中国能取得今天的成就是靠邓小平的个人智慧，但是我的感觉是，中国今天所取得的成就是全体中国人民共同努力的结果。

中国的发展速度如此之快往往也会有两面性，高速发展会带来一些问题，比如贫富两极分化、环境污染、人口老龄化问题等。费正清中国研究中心专门举办过"中国面临的关键问题"的系列学术讲座，针对中国社会快速发展过程中遇到的困难和问题展开研讨，这些直面中国现实问题的研讨其实既非否定中国的改革开放政策也不是批评中国，而是我们认为，从历史发展的角度来看，人类社会加速发展不可避免会有一些问题出来。这在快速发展的诸多国家都有体现，是客观存在。

追求富国梦、强国梦的中国还面临很大困扰

张梅：您在哈佛大学开设有《中国历史》和《史学研究方法》课程。读史明智，以史为鉴，您怎么看当代中国的国家治理？

宋怡明：从国际关系和历史状况来看，中国崛起是世界历史上独一无二的大事件！在我看来，现代中国虽然是一个大国、强国，但仍然是一个低收入的发展中国家。经过改革开放30多年来的飞速发展，中国经济总量虽然已位居世界第二，但因为中国东西部地区发展不平衡，所以致使中国人均收入水平在世界各国排名中依然严重偏低。中国在追求富国梦、强国梦，但是中国内在需要处理的问题仍然很多，所以现在中国领导人仍面临很大的困扰，我非常能理解他们当前所面临的挑战和压力。我想，作为"世界公民"，中国需要为国际社会做出贡献和表率，但是同时也要考虑国内民众的承受能力以及中国本身的发展

问题。

中国发起成立亚投行,我觉得这对于解决中国的产能过剩以及亚洲缺少基础设施问题等非常重要,这是亚洲市场需要的。尽管国际社会有人持不同意见,但是在我看来,中国认为现存的国际货币基金组织、世界银行等国际金融机构都是在冷战时期成立的,且从成立之日起就沦为西方联盟控制国际贸易和金融的工具和手段,中国希望对此做一些调整,所以中国成立了亚投行,这当然是可以理解的!可是这也让我觉得有点可惜,因为全世界还不能一起努力来完善基础设施投资建设,因为经过调整和协调,这些国际金融机构或者组织并没能解除对中国的顾虑,这让我很担心将来如何解决全世界面临的问题。

张梅:从一个历史学家的视角,您对中国的未来发展有怎样的预期?

宋怡明:我对中国未来发展持非常乐观的态度,中国未来稳定健康发展对很多国家都是有利的事情。尽管有些从事中国研究的美国学者对中国未来发展有非常错误的预期,比如说"中国威胁论""中国崩溃论"等,事实上,我认为中国经济既不会崩溃也根本不会给世界造成威胁,因为无论是从中国历史、中国文化,还是从中国现实来判断,都可以得出这样的结论。从历史上说,中国从未有自己的殖民地;从文化上来看,中国文化是"怀柔远人"的——"礼闻来学、不闻往教";从现实看,虽然中国的北京、上海、广州等大城市发展速度惊人,但是中国仍然有大面积的贫困地区和山区。说到将来,我认为中国仍需要不断开放、不断推进改革、不断解决中国社会发展过程中面临的难题，才能跨越"中等收入陷阱"，保持中国经济持续健康发展，与周边国家建立良好的外交关系。

如果让我给中国未来发展提建议的话，有两条：一是不要忘记历史。因为忘记历史就意味着背叛！中国历史积累了太多的成功经验但也有太多失败教训。二是不要利用历史。因为历史是客观的，如果想从历史中得到借鉴，我们就不能跳出那些支持我们立场的客观因素，我们要从整体出发来思考中国历史和现实。

哈佛研究中心的重点是"世界上的中国"

张梅：今年是费正清中国研究中心成立60周年（前身费正清东亚研究中心建于1955年），一直在为美国政府制定对华政策提供参考。您接任中心主任后有什么规划？

宋怡明：费正清中国研究中心的影响力比20世纪中期时要弱很多：一是因为中美关系变得更为复杂和深刻，我们的研究机构不可能囊括两国关系间所有的问题；二是因为美国的中国问题研究专家近年来不断增加，很多高校、政府机构和社会机构都已经有了学识深厚的中国问题研究专家。所以在我看来，研究中心并不是要恢复20世纪五六十年代的状况。我们今后要将眼光从中国本身扩展开，不仅要了解中国，还要了解中国与世界的关系。

作为费正清中国研究中心主任，我想，可以做以下工作：第一，加强公共沟通。如今年是美国大选年，中国会成为选举中的重要话题，我希望研究中心能积极地参与这场讨论，将我们对中国问题的认识贡献给公众。第二,就是发展数字人文科学。目前哈佛关于中国研究的数字项目有"中国地理信息系统""中国历代人物传记资料库"等，可以说在利用大数据方面我们已处于领先地位，但还需要继续努力。第三，我们认识到中国已经不是一个单独的国家，它和全世界都有紧密的联系，所以我们要做一个"世界上的中国"研究项目，如研究中国与非洲、中国与印度。

（宋怡明是哈佛大学费正清中国研究中心主任。本文作者是国务院侨务办公室侨务干部学校副教授、中国与全球化智库研究员张梅。）

【俄】格奥尔基·托洛拉亚

中国想让大家都受益

虽然在杭州举办的 G20 峰会不是"金砖五国"成员举办的首场 20 国集团峰会（2013 年俄罗斯也曾举办过），但在此之前，西方和新兴国家之间的政治裂痕却从未如现在一般明显。

俄罗斯在很多问题上都与美国和欧盟针锋相对，它们主要可归结为主权问题、捍卫国家利益而非单边主义概念的权利问题。俄罗斯秉持着"多中心世界"的观点，其结果就是将外交政策的重点放在欧亚主义上，这正好契合了中国的地区优先政策。

美国在诸如南海和一些基本的外交战略重点等问题上给中国施加的压力越来越大，因为中国的外交政策越来越活跃，它建立在全面追求多边主义及全球利益的基础上，包括通过"一带一路"倡议连接起欧亚大陆。

与此同时，巴西在前两任总统的任期中，追求更独立外交政策的努力因国内局势动荡而受挫。印度谨慎地制定多边政策，以便从"金砖五国"等机制中全方位谋取利益。南非尽管深受国内问题的困扰，却仍然生机勃勃。作为地缘政治的统一体，"金砖五国"经历了一些挑战。

尽管"金砖五国"成员因经济增长放缓而出现"危机"一说，却仍然对自己的需求有着统一的基本认识，即改变全球治理系统，全面推动新的世界秩序，这种秩序将照顾新兴国家利益和"黄金十亿"之外的全球人口。

"金砖五国"更像是这些全球性国家政治精英的计划，该计划是为了新的世界秩序，而不仅是一个经济统一体，或提高自己在改善全球金融体系和贸易制度中议价地位的工具。"金砖五国"哲学也可被视为构建"不盲目追随新自由主义理论"的新发展模式的尝试。中国领导人强调，消除贫困、实现可持续发展不光是国际社会共同的道义责任，还是世界经济增长的动力源。其他国家的学者和政治家认为绿色增长和可持续发展模式比经典的资本主义更加平等和以人为本。因此新兴大国在重大问题上的利益可能与七国集团截然不同。

杭州峰会当然不太可能成为七国集团和"金砖五国"的擂台（尽管两大集团对许多原则性问题的表态截然不同），不过看一看这两大集团如何评论全球安全，以及包括不同地区热点在内的新挑战还是很有意思的。2016年G20峰会的议程，大部分是有关绿色金融、可持续基建、经济增长、最贫困国家发展等问题的，与"金砖五国"的基本议程一致。中国已经为自己的20国集团领导地位订立了以下目标：制定创新增长蓝图；为执行联合国《2030年可持续发展议程》制定行动方案；深化国际金融体制改革等。

应该让各方都受益——在中国的引导下,杭州峰会能成为实现这一目标的好场所。20国集团的角色是今天世界上最接近"全球政府"的,对寻求相互利益妥协,实现共同应对人类面临的挑战来说不可或缺。特别是考虑到中国明年即将成为"金砖五国"轮值主席,而杭州峰会上的决策很可能成为人类共同利益的指示灯。

(格奥尔基·托洛拉亚是俄罗斯科学院经济研究所亚洲战略部主任、盘古智库学术委员。)

【智利】巴切莱特

中国是一股积极影响力

位于南美洲西海岸的智利是地理上距离中国最遥远的国家之一,但这个"天涯之国"又是和中国最亲密的国家之一。智利是第一个同中国建交的南美国家,也是第一个就中国加入世界贸易组织与中国签署双边协议、承认中国完全市场经济地位以及同中国签署双边自由贸易协定的拉美国家。智利总统巴切莱特来华访问和出席"一带一路"国际合作高峰论坛前,接受了《环球时报》记者独家专访。这位南美"铁娘子"就两国深化合作畅所欲言,她认为中国代表着"一股积极的影响力",是追求开放和市场一体化的典范。

"一带一路"帮拉美加强在中亚地区的存在

环球时报:很多读者关心,智利并不是古丝绸之路沿线国家,但对"一带一路"倡议和此次高峰论坛都非常重视,请您谈谈背后的原因。

巴切莱特:对我们来说,能参加这次论坛非常重要,因为

智利总统巴切莱特

这次论坛是标志着中国国际地位提升的一个里程碑。在我们看来，"一带一路"倡议和智利多年来一直秉持的贸易开放政策非常契合。它的目标是通过改善基础设施水平，将各个国家都纳入全球价值链之中，这十分符合智利的发展战略，也将为智中关系开启一个新阶段：两国可以不再仅限于现有的原材料进出口关系，而是拓展一些可以有更多合作的新领域。

此外，智利，甚至可以说整个拉丁美洲，都十分希望加强自身在中亚地区的存在，而这届论坛正是一个绝好的机会让我们可以做到这一点。我前来参加这次论坛，既代表着智利对参与这项中国倡导的伟大提议的兴趣，也是在彰显两国之间紧密的联系。

确实，智利并不在"古丝绸之路"的沿线上，但我们很希望能在一条跨越太平洋的"新航路"上扮演一个主要角色。这条"新航路"不仅指传统的海洋、陆地和空中的道路，也将包括数字联通、电子商务、货币兑换金融机制等（虚拟道路），比如智利现在就已经有了比索直接兑换人民币的机制。对于智利来说，推动地区一体化一直是我们的首要任务。在这个背景下，如果历史上的"古丝绸之路"也可以"投射"到我们所在的大陆，那将是相当重要的一件事，并将为我们开启新的合作空间与机遇。

"智利渴望成为亚太和拉美的交汇点"

环球时报：在两国合作中，智利在哪些领域可以借助中国的发展来推动自身的增长？

巴切莱特：中国目前是智利的第一大贸易伙伴国。2016年，智中两国贸易总额已超过310亿美元，而这个数字还在继续增长。毫无疑问，中国的发展让广大与中国保持商贸往来的国家都受益匪浅。对智利这样一个相对较小的国家而言，中国是一个极具吸引力的市场，它为我们开启了各种各样的可能性。两国之间自由贸易协定的深化使得中国未来仍将是我们在全球范围内的最大贸易伙伴。而另一方面，我们也同样希望智利国内的开发项目能够吸引更多的中国投资，比如最近中国建设银行就在智利首都圣地亚哥开设了分行，我们欢迎类似这样的举措。智利是一个外向型经济体，我们渴望成为亚太地区和拉丁美洲的交汇点。

智中两国签订自贸协定以来，双方受益显而易见。时至今日，已有97%的智利商品能免税进入中国，而98%的中国产品也在智利享受零关税待遇。为纪念这一协定的签署并继续强化贸易和投资往来，我们近日还在广州和北京举办了第二届"智利周活动"。智利也希望在中国更多重要领域加强自己的存在感，比如人才教育、新技术开发、科学技术研究、空间科学、农业发展以及矿业和可再生能源等领域，我们都非常看重。

2018年1月，智利将举办中国—拉共体论坛第二届部长级会议，我们希望这次会议有助于进一步强化我们之间的纽带，并有助于两国沿着包容和可持续发展的道路继续前进。

环球时报：智利是从自由贸易和全球化进程中受益最多的

国家之一，对最近出现的贸易保护主义在全球范围内逐渐抬头的迹象，您怎么看？

巴切莱特：智利的外交政策和对外关系永远遵循这样几个原则：尊重国际法，促进和平民主与人权，推动自由市场，以及拒绝贸易保护主义。目前的国际环境正面临着一定的不确定性，这也就要求我们所有的国家共同努力，做出必要的改进，重新走上进步的道路。

今天，我们比以往任何时候都面临更大的贸易保护主义的威胁。我认为当下最重要的是推动合作与一体化，以求创造更多更好的贸易机会，同时推动基础设施领域的投资，因为这将有助于贸易交流和多样化。我们还需要继续完善规则，扩大市场准入，少一点自私自利，多一点合作精神。

我觉得这是我和习近平主席共同的看法，因为去年习近平主席访问智利的时候我们也谈到了这些，而我感觉这次的"一带一路"国际合作高峰论坛也是在朝着这个方向努力。在这里，来自不同地区的领导人将得以展开富有成效的高级别讨论，交流区域和全球的互联互通项目，以及我们究竟该怎样进行相互合作。

今天在全球化面临的所有危险中，没有什么比贸易保护主义的威胁更明显的了，因为它会使国际社会远离合作。在这样的大背景下，中国以大规模生产商品与提供服务的方式融入了世界，并取得令人惊讶的成果，同时启发智利这样的国家在商品与服务的生产和交换领域采取一种开放与协作的模式。这是一股积极的影响力，也是追求开放和市场一体化的典范。

"有兴趣看到中国参与地区一体化"

环球时报：在美国宣布退出《跨太平洋伙伴关系协定》（TPP）后，TPP缔约国今年3月齐聚智利，商讨经济一体化。您如何看待TPP的前景？您期待中国参与到TPP中去吗？

巴切莱特：鉴于世界经济复苏缓慢与贸易保护主义抬头的大背景，我们认为开放的市场和地区经济一体化比以往任何时候都更重要。因此，我们把TPP视作一份具有现代意义的协议，它可以在商品、服务和投资自由化与保护每个国家在一些敏感领域有管理自主权二者之间达到平衡。2017年3月14日到15日，在智利城市比尼亚德尔马召开了"亚太区域经济一体化高级别对话会"。作为太平洋联盟轮值主席国，我们邀请了TPP各缔约国的外长和贸易部长，以及中国与韩国共同参会，各方就亚太地区经贸一体化的倡议及其对21世纪国际贸易的贡献交换了意见。会议的另外一个主要成果就是建立了"太平洋联盟相关国"这一概念，这将推动亚太国家开启相关贸易谈判，前提是这些谈判需要是高标准、高质量，并能在短期内完成的。

在比尼亚德尔马会议上，各成员国决定继续保持联系，分析考量多种选择，以便在部分TPP内容的基础上继续推进一体化。对智利来说，这些选择同时包含双边、地区和多边层面。由于中国是拉美国家一个重要的贸易伙伴，我们有兴趣看到中国参与到这个地区一体化进程中来。

环球时报：《区域全面经济伙伴关系协定》（RCEP）和亚太自贸区（FTAAP）常被认为是TPP的两个可能的"替代品"。在您看来，这两个选择能有效推动亚太地区的经贸一体化吗？

巴切莱特：鉴于TPP的谈判已结束，RCEP的谈判也就成为促进亚太地区一体化的主要机制。推动一体化最有效的途径是通过国家间的对话和建立支持自贸协议的机制，RCEP就是这样一个范例。此外，我们也正在和我们的APEC伙伴们共同努力，推进FTAAP项目。2019年，APEC领导人非正式会议将在智利举办，从2017年开始我们就已经在着手做一些准备工作了。

（巴切莱特是智利首位女总统。本文由白云怡采写。）

【英】柯成兴

别把亚投行嵌入东西方模式之争

用美元而非人民币结算非常明智

亚洲基础设施投资银行2016年1月正式成立。随着副行长人选相继出炉，亚投行的领导班子逐渐浮现。这个由于之前美日从中阻挠而被赋予太多政治和经济博弈解读的国际多边金融机构，开始进入实际运行阶段。很多有关亚投行的设想或承诺都将在接下来得到检验。

亚投行成立后颇为引人关注的一点，就是新任行长金立群宣布亚投行的主要结算货币将是美元。用美元而不用人民币，这让有些人意外和吃惊，也让有些人失望。在我看来，这种做法非常明智，因其更有益于亚投行的运行发展，也有利于推动世界经济发展。

虽然北京没把亚投行当成推动人民币国际化的平台，但这反而会给人民币带来更多益处。因为这种"大公无私"的举动使其他国家在与中国打交道时更有信心，会将中国视作真正的可合作者。而对中国充满信心，无形中会使其他国家对人民币的信赖有所提升，进而更多地使用人民币。

客观上讲，亚投行当前也确实不应被当作进一步推动人民币国际化的工具。现阶段人民币还没有达到足够成熟的程度，市场有待拓展，还需更大努力予以建设。在此之前，把人民币强推给别人效果不一定好。

围绕亚投行的紧张情势或将继续

迄今为止仍然有人在说亚投行实际上是"中国版的世界银行"。这种说法乍听起来让人不安。毕竟它是在中国的首倡和着力推动下才得以成立，总部设在北京，首任行长也来自中国。这些都让人感觉亚投行确实"就是中国的"。但仔细琢磨一下，又有更多证据证明并非如此。比如，中国在亚投行中所占股份仅为30%多点。在57个创始成员国中，西方国家的总投票权则超过了中国。

从某种程度上看，亚投行的目标与世界银行这个"前辈"成立之初极为相似。就改善发展中国家的境况而言，亚投行与世界银行、亚开行的使命并无差别。亚投行的名称更是凸显了它对改善当今世界境况的思考和看法：要通过投资基础设施建设来提高生产力。亚开行当前是把减贫作为运营目标之一，但这与基础设施投资并不矛盾，因为基础设施投资实际就是很好的减贫途径。就此而言，我不认为这三家机构之间存在明确区别，它们都是为了让世界变得更好。

只是国际政治家们并不完全同意这种观点。自从相关倡议提出以来，亚投行就一直面临着批评。在筹备过程中，亚投行多次邀请美国加入但被拒绝。有人将此说成是亚投行在刻意孤立美国，这听起来着实荒谬。亚投行导致美国与其一些传统盟友之间的关系出现裂痕。现在的情况是美国站在这一边，亚投行及其成员国站在另一边。但这些裂痕或对立责在美国。

很多美国人依然认为美国应该加入亚投行，现在这种可能也还存在，因为亚投行的成员资格仍处于开放状态。只是美国政府在这方面似乎并不积极。这意味着紧张情势还将持续。只要美国决策者们一口咬定亚投行在实际运作中只会危及环境、降低采购标准、无法维护借贷条件等，这种紧张就会存在。但事实是这些指责毫无来由，因为美国参与甚至主导的一些类似机构也一直受到这些问题困扰。而中国决策层与亚投行其他参与方已认识到这些问题，它们准备对此予以纠正和解决。

当然，现在这个阶段谈论这些好像有点"光说不练"的感觉。实际情况如何还得看亚投行如何走下去。可以预见，处在"聚光灯"甚至"放大镜"下的亚投行在项目选择和具体执行过程中都将面临诸多挑战。即便是在相关项目落地之后，它也需要格外细致，因为即便是最微小的错误也可能会招来批评。除此之外，亚投行还将面临进一步从全球范围内寻找和吸纳优秀人才等其他挑战。

亚投行专注基建投资但无关"模式"之争

美国政治学者福山最近指出,在中国和美国等西方国家之间正在发生一场有关发展模式的历史性竞争。其中,中国的发展模式主要基于政府主导下的大规模基础设施投资,美欧的发展策略则侧重于公共卫生、妇女权益、对公民社会的支持以及反腐败等领域。这种观点使得中国"一带一路"构想以及专注于基础设施投资的亚投行,在规则和领导权之争之外又被蒙上了一层"模式之争"的意味。

较之30年前的"历史终结论",福山现在的立场已经有所后退,承认一个国家在西方民主制度之外还有其他道路可以实现经济进步和社会发展。现在福山再次谈到不同发展模式之争,但他完全清楚现实情况的对比远没他所勾勒的那般尖锐。福山谈到东方模式或中国模式着力于基础设施建设,但美国在这方面也是一样的。同样,福山也知道把强调社会构建、妇女儿童权益以及预防腐败当成是西方模式的突出特征并不完全正确,因为中国也在做这些事情。中国强调"妇女能顶半边天",它还采取了一系列反腐行动,同时也在极为认真地应对贫困问题。因此,东西方之间的区别并非福山希望的那样明显,这种对比只是一种粗线条式描述,目的是让那些可替代性选择更易理解。

但福山有一点说得确实没错,那就是虽然西方国家也意识到基建工程至关重要,但其对大型基础设施建设的重视和投入程度远没有中国这样高。从这个意义上讲,亚投行就是这种更高重视和投入程度的具化产物。只是即便如此,也不必把亚投行嵌入所谓东西方模式之争当中。

(柯成兴是英国伦敦政治经济学院教授,曾提出"全球经济增长重心东移"的观点。)

【秘鲁】库琴斯基

首访选中国

秘鲁共和国总统库琴斯基2016年9月12日至16日将对中国进行国事访问,这是他2016年6月当选总统后的首次出访。从库琴斯基当选到就职,在短短3个月时间内,作为《环球时报》特约记者,我因工作关系,已和他见过4次面,难得的经历是前不久在这位新总统的家中对其进行了专访。

秘鲁领导人一般首访选南美邻国,因此,谈到上任后为什么将中国作为首访国时,库琴斯基总统说:"中国是世界人口最多的国家,也是秘鲁的第一大出口国。我想亲自向习近平主席发出邀请——今年11月参加由秘鲁主办的APEC峰会。"他还希望秘中两国加强民间交流,中国游客多到秘鲁和南美旅游,"虽然相距有点远,但当今社会距离已不是障碍"。

当选总统后选中餐馆举行党内领导午餐会

在秘鲁选举委员会6月9日宣布库琴斯基以"极微弱优势

秘鲁总统库琴斯基展示正在阅读《习近平谈治国理政》

战胜前总统藤森之女、人民力量党候选人藤森庆子"当选总统后不久，库琴斯基在一家高档中餐馆与其所在的"为了变革的秘鲁人"党主要领导举行午餐会。在会前的短短几分钟，我第一次与库琴斯基握手，也是第一次近距离接触他。生于1938年10月的库琴斯基给我的印象就是一位和蔼可亲的长者，笑容可掬，就是个正在花园边散步的秘鲁老人。

第二次见面，库琴斯基还是候任总统，和我们一同前往拉奥罗亚高原矿区。一路风尘仆仆，要翻过秘鲁海拔4000多米的"最高公路"。从早上6时半出发，一天的行程整整12小时。会谈、参加大型集会、带领企业家到矿区参观，走走停停，舟车劳顿，根本没有吃饭时间。我与库琴斯基的保镖私下聊天后得知，他只在车上吃了几块饼干。我很佩服被称为"南美国家领导人头号长者"的库琴斯基对工作的投入，以及旺盛的精力。前一天的疲劳还未消除，我第二天一早打开电视，看到新闻正在直播库琴斯基到总统府与即将卸任的乌马拉总统会谈。

第三次见面是7月28日我受邀到秘鲁国会大厦参加库琴斯基总统的就职典礼。在国会二楼的观礼台上，经济学家出身、曾出任过秘鲁总理和经济、能源等部部长的库琴斯基，演讲内容务实、干练，并用标志性的微笑与台下互动，挥手向鼓掌的人们致谢。

"秘鲁有几条铁路想让中国来投资"

第四次见库琴斯基总统是在他家中进行专访。说来也巧，原本安排好在总统府的采访，因总统府召开紧急会议临时又改在总统家中，这对我来讲求之不得。家庭采访可营造非常和谐、温馨的气氛。按照中国人的习惯，被请到家里也算是高规格的礼遇。与总统寒暄几句后进入采访正题，时间从约定的半个小时最后延长到一个小时。采访中，库琴斯基总统说："我现在有两本《习近平谈治国理政》，其中一本放在我书房。我现在拿给你们看。"他边说边起身到书房取来这本书。库琴斯基说："我了解中国的选举制度是5年一次，我认为很好。我还曾和邓小平等中国前领导人交谈过。"

库琴斯基接受采访时没有底稿，有问必答，应对迅速，表明他对秘鲁国内事务和秘中两国之间的合作熟记于心。库琴斯基表示，中国已在秘鲁基础设施以及矿业、电话、通信业等方面有投资，但还要强化秘中关系，吸引更多中国企业对秘鲁进行投资，比如铁路方面。库琴斯基告诉我："中国是铁路建设里程最长的国家，据我所知，中国铁路已经通到西藏，我们没有那么大的奢望，但是有几条铁路我们很感兴趣。这些铁路项目将分布在秘鲁沿海、亚马逊雨林，特别是首都利马周边地区，我们有15年的规划，但是要从现在做起。这次访问北京、上海期间，我还将与华为公司接触。"

关于秘鲁如何吸引外资投资，库琴斯基说："秘鲁宪法规定，外国投资者与本国国民同等待遇，所以对外国投资者秘鲁持友好态度。我们会逐步降低税收，鼓励企业再投资，今后两三年，我们将降低利润分成税。"具体到矿业投资，库琴斯基说："在矿业方面，中铝、五矿的投资还在继续，ElGaleno 项目也很重要，还有紫金矿业项目。"谈到这里，库琴斯基幽默地说，"这些都需要时间，像所有矿业投资需要时间，矿的生成也是以百万年计的。"

"投资企业要与社区搞好关系。我们是安第斯民族，企业要向当地居民提供服务，让他们对投资持积极态度。"库琴斯基给投资秘鲁的国外企业提了这样的建议。他还提到一些矿业投资中的细节。如安第斯山脉矿区普遍存在含砷过高的现象，从美国的阿拉斯加到阿根廷巴塔哥尼亚都存在含砷高的问题，这个问题已在解决中。中国企业投资的一个铜矿项目，每天有数百辆卡车往来运输出产的精铜，有人统计"平均每 7 分钟有一辆卡车经过居民区"，这可能会引起居民的一些反感，因此也要注意解决这些问题。

2014 年 7 月，中国国家主席习近平在巴西首都会见秘鲁时任总统乌马拉时，明确表示中国、巴西、秘鲁三国将就开展连接大西洋和太平洋的两洋铁路合作共同发表声明，并建议三国组建联合工作组。谈到"两洋铁路"，库琴斯基总统表示，这是一个有意义的项目，它可以让巴西大豆出口中国的时间，从 23 天减少到 18 天。他表示，"两洋铁路"有几条路线选择：2015 年中国总理李克强出访秘鲁等拉美国家时，谈到北线，这是可行的；还有一个提议走南线，是经过玻利维亚，虽然海拔更高，但距离更短，这要做可行性研究，看哪一个更有利。

"中国游客来秘鲁，吃饭不是问题"

2016年是中秘两国建交45周年（1971年11月2日正式建交）。库琴斯基总统还通过在秘鲁等拉美国家发行的《今日中国》杂志向中国人民问候，他说："我们环绕着（太平洋）同一水域，虽然有点远，但是当今社会距离已不是障碍。我喜爱中国人民，秘鲁有许多华人，他们移民秘鲁已有上百年历史，仍保持着中国的传统文化，也融入了秘鲁社会，这是我要向中国人民传达的第一信息。"他还准备带上一些秘鲁特有的农产品到中国。

谈到吸引中国游客的话题，库琴斯基说，秘鲁有丰富的历史、独特的安第斯文化和自然风光，但国外游客很少，主要来自智利，缺少的是中国游客。他提到要让中国人更便利地获得秘鲁签证，甚至"可以让有欧洲申根国家、美国、加拿大和墨西哥签证的中国游客免签进入秘鲁"。尽管秘鲁在基础设施建设和酒店方面还有欠缺，语言交流（秘鲁官方语言为西班牙语）也有不便，但库琴斯基希望我转告中国游客："在秘鲁，吃饭不成问题，我们这里有CHIFA（早期中国移民'吃饭'的粤语发音，后来在秘鲁成为中餐馆的代名词——编者注）。我们这里不仅有广东餐，有中国南北风味，还有秘鲁餐，这是世界上少有的。因为中国到秘鲁旅途长，我们可以与中国共同协商一条合理的旅游线路，如智利—秘鲁—阿根廷（多日游）。"

在摆放着钢琴的客厅，采访过程中有只黑灰色的花猫走出来，一会儿倚在客人身边，一会儿又跑到库琴斯基总统脚下。

我们看好中国

在采访结束后,这位78岁的老总统执意要把我们送到大门外,一一握手告别,并表示,"期望上任首访中国的行程能取得更多的成果"。

(库琴斯基是秘鲁共和国总统。本文由《环球时报》驻秘鲁特约记者孟可心采写。)

听德"隐形智囊团"谈牵手中国

德国是最早建立智库的国家之一,与美英等国智库不同,大多数德国智库没有卷进"旋转门"的政治机制。德国独立从事智库工作的专业人士为政府和民众服务,但很低调,因为不用在研究部门和政府公共部门之间转换角色,常被人称为"隐形智囊团"。一些德国智库不挂牌子,但研究中国问题的德国学者却有着文庭、胡谧空、卢科思等中文名字。2016年5月,在德国唯一拥有政治党派基础的智库——阿登纳基金会的邀请下,《环球时报》记者随中国智库代表团赴德,调研德国多家智库,了解他们如何为全球经济发展以及化解国家政治、安全等领域困境建言献策。

德国看好杭州 G20

"德国总理默克尔已确定6月份再次访华,访问北京与沈阳等地,拓展合作。"刚到柏林,德国阿登纳基金会驻上海办公室主任文庭就向《环球时报》记者透露了这个重要信息。这让记者感到北京和柏林之间有着特殊的联系。从法兰克福到科隆,再从波恩到柏林，一路走来，德国不仅环境好、空气好，而且自然与文化密切联系，呈现出一种特别的秩序和浪漫。其实，此时的德国和欧盟正面临巨大危机。欧盟整体经济增长乏力、恐怖袭击威胁未消除、难民问题负担沉重，英国退欧公投带来的不确定性，以及与美国签署《跨大西洋贸易与投资伙伴关系协定》（TTIP）的前景渺茫。

但德国人很自信，也愿意与中国合作。在德国总理府办公室，主管德国G7/G20峰会多边外交事务的负责人拉尔夫·瑞特表示："德国对今年9月在杭州召开的G20峰会非常重视。德国经济是充满活力的，是当前全球经济面临危机的解决者和参与者，德国愿意和中国一起把世界经济增长的活力带回来。"这位40多岁的高级官员和智囊谦逊地表示，如果德中能携手促进全球经济增长，从短期目标走向中长期目标，那么，G20杭州峰会就意味着多边经济外交的成功。

说德国智库低调，还在于有些智库的"藏库于民"。德国墨卡托中国研究中心是2013年11月成立的一个新型独立智库，被认为是目前欧洲最大的中国问题研究机构，云集了德国对华政策研究的新一代专家。当《环球时报》记者走进这家仿佛"隐藏"在柏林居民区里的智库时，才发现整个一层楼都属于它，前台、工作间、会议室、图书档案室、咖啡间、文印室一应俱全。在会议室墙壁的显眼处，德国总理默克尔在北京身穿红色外套与时任中国总理温家宝的合影格外显眼。墨卡托中国研究中心媒体负责人卢科思曾是德国一家电台驻上海记者。她告诉记者，研究中心通常撰写4至9页纸的研究报告和形势简报，不追求长篇累牍式的学术研究。报告出来后，会与媒体迅速沟通，推广传播，引起关注，产生影响力。这家智库每天跟踪研究中国的根本目的是为德国人服务。她递给记者几份研究中心的最新研究报告，报告中勾画着中欧关系：中国对欧洲的海外直接投资再创新高、布鲁塞尔如何和中国的市场经济地位打交道等。

德国国际政策与安全研究所的办公室设在一座不挂牌的欧洲古典老式风格的建筑中。这家不属于任何政党的智库，每年有1200万欧元的预算，独立运作和研究全球性的议题。该研究所负责亚洲事务研究的华玉洁博士是一位中国问题专家，参加过多次香山论坛。她很认真地告诉《环球时报》记者："欧洲已经不是昨天的欧洲，我们要研究明天的欧洲。"华玉洁表示，在欧洲内部，会更加注重欧洲的独立性研究和立场协调。据她介绍，德国的中国问题研究人员愿意更多地参加中方举行的严肃的学术交流活动。

除了智库看重与中国的合作，德国经济界也看好中国市场。德国工业协会国际市场部主任弗利德琳·斯特拉克在阿登纳基金会安排的早餐会上透露，为增进德中工商界的交流与合作，德国工业协会已在北京开设办公室，首位主任马丽女士汉语流利。德国经济亚太委员会中国事务部主任邵梵德对记者表示，中国企业与德国企业更好融合的一个方法是通过合资企业或者驻德分公司加入德国商会组织，参加商会的活动，结交德国的企业界代表，这样有助于企业家增进互信合作。

今年刚40岁的德国东部图灵根州议员坦克雷恩·斯基潘斯基在议会大厦与中国代表团谈得很深入。他告诉《环球时报》记者："德中在工业4.0、工业3.0和工业2.0方面都可以合作。"最佳策略是交叉合作，比如具体的实业用工业2.0的方法就可以，有些新兴行业用工业4.0和工业2.0的方法混合交叉效果更好，要具体问题具体分析。

把反恐合作课开到中国

进入夏天，柏林还忍受着另一种焦灼与不安——英国定于6月23日通过公投决定是否退出欧盟。德国和英国之间的关系已十分微妙，德国总理默克尔一再请求英国留在欧盟。德国外交官员最近公开表示，如果英国选择离开欧盟，柏林会流泪。德国总理府的一名高级官员也告诉《环球时报》记者，德国政府仍期待英国选择留在欧盟，因为欧盟是最好、最合适的地方。交流中，记者感受到，在对待英国与欧盟的关系问题上，德国智库界看法不一，相比稍年长者的悲观，新一代学者则乐观和强硬一些。墨卡托中国研究中心主管对外政策和经济项目首席研究员胡谧空40岁左右，他认为，英国在欧盟政治经济整合进程中，没有发挥主导性作用。如果英国人执意通过公投选择离开欧盟，那么，欧盟内部整合的历史进程不会是英国人期待的"加速分散"，而是一种新的力量的"凝聚"。

进入德国境内的120万难民正在国际舞台上给德国重新"画

像"。但《环球时报》记者在所到的几个德国大城市观察，很多公共场所并没有难民滞留的现象。德国看上去"运转正常"。阿登纳基金会主管欧盟国际合作和政治对话的负责人斯蒂芬·弗里德里希和《环球时报》记者谈到难民问题时长叹了一口气，但他认为，难民给政府治理带来挑战，压力最大的时候已经过去。据他介绍，大部分难民已安置妥当。他们主要被安置在中小城市和边界地区的小镇。地方社区组织发挥了重要作用，帮助接纳难民。往前看，难民管理是可控的。柏林期待通过职业教育培训，把难民教育成新劳动力。

德国波恩大学全球化研究中心主任、华人学者辜学武教授告诉《环球时报》记者，这次德国处理难民问题的决策过程其实是值得商榷的。以往遇到类似复杂议题时，德国政府会多方征询意见，反复权衡，在决策和行动领导力方面表现为"相对弱势"。这次，德国政府的决策方式和领导方式更加主动，冲在前面"挑头"，把自己过快地放在道德高地上。德国现代历史经验是一旦德国对外的领导力表现得"强势"，自行其是，德国就要鬼使神差地"倒霉"。这次在难民问题上，德国政府表现得还是"有些强势和独断"，以至于德国呼吁欧洲共同来帮助解决难民问题时，欧盟内部就开始分裂。好在德国的非营利组织和社会组织给了政府实实在在的支持，在接纳难民方面做了具体的事情，否则，德国政府在国际上的形象会大打折扣。

除了难民问题，德国还受到恐怖主义阴影的折磨。在位于柏林的阿登纳基金会总部，负责亚洲和泛太平洋事务的拉比·布饶尔说,德国人内心深处对恐怖主义十分担忧。在对外交往方面,德国一直引以为豪的民主和自由在实践中也有教训和经验。比如,在一些东南亚国家推广非政府组织的速度过快,但事实上,收效甚微。

德国联邦安全政策学院由德国联邦安全委员会直接领导的智库,通过研究活动以及专门的教育培训,培养德国的高级安全和军事人才。该智库参谋部部长克劳斯·汉德尔将军告诉《环球时报》记者,他们设立的课程中有开展国际反恐合作的内容。在中国国际问题研究所的合作帮助下,一些涉及反恐内容的高级课程也在中国开始教授。德国联邦议会党派外交政策和安全部门代表克里斯蒂安·佛尔耐克博士也表示,如果中国和德国一起参与相关高科技的反恐技术和设备的研制,德国的反恐与安全部门会认真合作。

德国智囊不走美式"旋转门"

《环球时报》记者同中国智库代表团4月下旬在德国调研时,正赶上美国总统奥巴马访德。奥巴马此行期待能和默克尔总理一起推动美欧TTIP协定,但却在汉诺威遭到9万多人的反对示威,示威者认为该协定对欧洲的公平贸易没有好处。据科隆德国经济研究协会负责人汉斯·彼得介绍,如果美欧TTIP协定不能签署,欧盟贸易自由化的理想就将受到重挫。欧盟在这个问题上,正举步维艰。

在距离德国洪堡大学不远的一条街道上,有两栋独立的四层小楼,南北相对。据德国导游丹尼尔·耶焦尔科夫斯基介绍:"那是美国中情局和苏联克格勃驻柏林的办公室。你该知道它们在德国做什么吧?"听得出,德国人对美国监听德国总理默克尔的事还是有不少看法的。

中国智库代表团此行还走访了美国阿斯彭研究所柏林办公室,并与美国北卡大学驻德国智库的学者交流。北卡大学研究所访问学者克劳斯·拉尔斯教授认为,欧美智库各有千秋,中国不妨对两种方式针对性地参考,可以"旋转门",也可以"不旋转门",可以依赖国防部,也可以和政府部门"若即若离",关键看能否赢得想要的效果。中国若举办严肃的国际问题学术交流,德国和美国的中国问题专家都有兴趣参加,相互学习。阿斯彭研究所的岚茨也告诉《环球时报》记者,欢迎中国的专家、记者、外交官参与他们的活动。

谈到美国的智库,德国国际政策与安全研究所的华玉洁有很多感触,她分析了德、美智库的不同:第一,前者主要依赖公开信息进行分析研究,而后者中一些知名智库过度依赖美国五角大楼的资源;第二,德国智库研究经费稳定,很少存在"旋转门"的制度安排。在研究领域,德国智库愿意增加对亚洲的研究,更多地介入亚洲事务,促进中德关系。华玉洁说:"德国也愿意在跨大西洋关系中发挥更大的协调作用。而且德国智库可以做得更多。在尊重国际法领域,德国是更加讲究诚信的。可惜,德国在亚洲事务特别是涉及国际法方面的领域做得不够。"

"柏林是北京的远方亲戚。"这是德国前驻上海总领事芮悟峰近日在美国霍普金斯大学的一个中国问题论坛上打的比喻。这让《环球时报》记者思考,在欧盟最脆弱的时期,德国要拉紧北京的手,这是一场浪漫的梦吗?

(本文由《环球时报》赴德国特派记者魏莱采写。)

感受欧洲困境之下的"中国观"

"这些强奸案是难民来之后才发生的,他们惹是生非。"从柏林泰格尔机场到市中心的波茨坦广场只有20分钟车程,出租车司机安东尼竟一路都在愤然罗列难民的"罪证"。安东尼的话开启了我此行德国关注的话题:以难民危机为一大表征的欧洲困境。2016年9月底,受欧洲对外关系委员会邀请,我参加"欧洲中国论坛",担任发言嘉宾并参与自由讨论。来自欧洲和中国政商学界30多位高级别人士参加这次闭门会议,聚焦中国发展带给欧洲人的机遇和挑战。当然无可避免的,大家平时也总是谈论起欧洲遇到的麻烦。

德国人怪默克尔自作主张,英国人怀念伊丽莎白时代

"柏林一个8岁难民女孩前几天被另一个难民性侵,女孩父亲持刀报复时被柏林警察射杀。这简直是荒谬!"安东尼一边拍打方向盘,一边愤怒地说,"别说性侵,他们有谁但凡那样看我女儿一眼我就废了他!我什么都不怕。"这一刻,我切身感受

到欧洲人被烦事缠身的苦恼和不满。在国内中方资深欧洲学家眼中,眼下是欧洲面临问题最多的时期:经济危机、难民危机、民粹主义,以及以英国"脱欧"为代表性事件的欧洲一体化进程危机。这些问题交错勾连,让找到出路的可能性微乎其微。以难民问题上的"默克尔困局"为例,一年以前,德国总理默克尔慷慨宣布接纳难民,如今进退维谷。在欧洲对外关系委员会的欢迎晚宴上,一名德国专家一针见血地告诉我:"她最大的问题就是自作主张,完全没协调,也完全没料到欧洲他国并不买单。"

除难民问题,在欧洲错综复杂的麻烦事中,经济领域的危机才是需要首要关切的。晚宴地点靠近一家德意志银行所在的写字楼,到了傍晚整幢建筑全无光亮。德国同行们开始讨论近日美国司法部对德意志银行的140亿美元罚单。德意志银行是德国第一大银行,去年宣布大面积亏损后,主要市场股市连日暴跌。美国的天价罚单无疑雪上加霜,而德国政府尚无出手救助的迹象。在一些欧洲人看来,欧洲银行业乌云压城,尤其是欧洲经济领头羊德国的银行业面临巨大风险,让欧洲经济距离雷曼式崩盘似乎只差最后一击。

对于出路,欧洲人并非全然悲观。在柏林期间,我与多位欧洲专家深入交谈。弗里多林·施特拉克是德国经济亚太委员会干事长,也是德国工业联合会干事长。施特拉克有些自信地说:"我们应该向中国学习,有时要用更长远的视角去看问题。欧洲直到1945年都处于内乱,'二战'刚结束后的德国也谈不上什么经济。如果你去看早年的欧洲危机，眼下的困境还没有危及欧洲的根本。"但他想了想又加了半句，"除了（英国）脱欧。"

施特拉克要说的"欧洲的根本"包含欧洲统一的行动方式，欧洲曾赖以走出危机，而眼下英国"脱欧"已动摇这项根本。欧洲对外关系委员会中国与亚洲项目主任、高级政策研究员顾德明也认为："欧盟如今没那么稳固了。如果英国能从"脱欧"中获利，其他国家很可能得出这样一个结论：在欧洲统一进程中原来可以挑挑拣拣。这是一个政治危险。"

来自英国的《金融时报》副主编菲利普·斯蒂芬斯在这一问题上似乎更有发言权。斯蒂芬斯近日在华盛顿参加一场会议，聆听了基辛格的发言，他的整体感受是，整个世界从未同时面对过这么多问题，欧洲也显得支离破碎。在他看来，坚持"脱欧"的那些选票，更多是愤怒与沮丧的表达。斯蒂芬斯坐在桌子对面，缓缓说出一番让我印象深刻的话："那些决意脱离欧洲的人，有太多的怀旧情绪，怀念16世纪伟大的伊丽莎白时代。但我们现在活在21世纪，我们不可能有第二个伊丽莎白时代了。"

欧洲商界认准投资中国，"政治化"的学界却显悲观

在这样的情绪中，欧洲人对中国的看法出现两极分化。广阔的中国市场被一部分欧洲人看作未来增长的引擎和世界相对稳定性的源泉，却被另一部分人视为世界经济风险之源。这其实是一个硬币的两面：恰恰因为外界对中国增长的倚重，"中国

太大、不能失败"。

这种中国观上的分裂在欧洲商界和学界之间尤为明显：商界对中国经济的潜力与前景相对乐观，而学术界的主流看法仍是悲观的。顾德明认为，欧洲学界对中国经济的看法是相对政治化的，"有人认为，我们可以把经济和政治分开看，也有人觉得不可能，后者更悲观。我不想站队，但悲观是主流"。在顾德明看来，欧洲学者对中国的批评往往不是针对某一方面的批评，"拿反腐来说，谁会去批评反腐呢？但如果中国的司法和法律不完善，欧洲还是会批评。这些问题彼此关联。中国已付出巨大努力，去展现坚定的统一性。如果你的决策是统一的，你得对什么都负责"。而在我参加的欧洲对外关系委员会主办的"欧洲中国论坛"期间，一位欧洲投资者表示："看了西方媒体，感觉中国经济没什么好消息，但你是否能想象，在中国，'双十一'意味着中国最大电商 12 分钟内完成巨大销售额，而高档车消费者的平均年龄仅为 37 岁，比德国年轻了将近 20 岁。所以，我会坚定地投资中国。"

"怎么把握二者间的落差，对任何经济政策的执行者而言都是个头疼的问题。"顾德明说。施特拉克依旧相对乐观，在他看来，借助与这一时期的中国合作，更好地成为未来全球价值链的一部分，是欧洲保持强大的出路。

如果说市场经济地位之争常被看成中欧摩擦中一个充满火药味的话题，那么在"欧洲中国论坛"的闭门讨论中，围绕中国市场经济地位的问题，更多展现出的是一项有意思的共识：

中国市场经济地位争议本身是"象征性的"。从欢迎晚宴上欧洲同行抛给中国嘉宾关于市场经济地位争议的第一问开始,"中国市场经济地位"问题本身的重要性就被降了格。在讨论过程中,中国同行明确表示,市场经济是中国早已确立的发展方向和运转规则,欧洲给或不给这个地位,中国人没那么感兴趣。一位中国专家直接发问:"给不给有什么区别?能让欧洲减少对中国的抱怨吗?"

2016年12月11日是中国加入世贸组织(WTO)15周年,根据当初加入WTO的缔约条款,届时中国应该可以自动获得市场经济地位,其他缔约国不得再以中国不具备市场经济地位而以替代国产品价值为参照来对中国进行"反倾销"。欧洲在这一问题上至今态度暧昧。有意思的是,据一名欧盟内部人士透露,欧盟自己也忘了这个时间节点,直到一年前不断有大公司敲门询问大限将至如何应对时,欧盟才惊觉着手已晚。欧盟眼下压力巨大,需要让所有成员国站在一起,拿出一个统一的计划来,还得跟包括美国在内的国际盟友和伙伴商量,跟中国的其他贸易伙伴商量。与此同时,欧盟每天收到很多人的施压邮件,内容是"不能说中国是市场经济"。

"我们正在努力寻找一个优雅的、平衡的解决方案。"这名欧盟内部人士表示。在闭门的讨论中,多名欧方人士承认,关于是否授予中国市场经济地位的讨论,是一场技术性的讨论,也是一场法律意义的讨论,更是一场政治性讨论。让这位内部人士有些无奈和担心的是"政治观念已经决定立场"。

"无论如何,尴尬时刻无可避免。"顾德明在与我的交谈中这样总结:"不管欧委会在中国市场经济地位上做出什么决定,更重要的问题在于,欧委会会不会保留以往针对中国的反倾销措施。取消或修改?目前看来修改的可能性更大。但我怀疑他们能不能在12月之前完成。"

"碎片化"的欧洲在中美间两头下注

除与中国的市场经济地位博弈和投资协定谈判,欧洲还面临同美国的跨大西洋贸易与投资伙伴关系协定(TTIP)谈判难题。斯蒂芬斯说:"当前的欧美关系非常让人沮丧,因为双方都能看到携手合作带来的共同利益,但不管是TTIP谈判,还是中东安全问题,双方都没达成政治意愿。美国人说欧洲已忘记如何从政治角度思考,欧洲人则担忧'特朗普现象',担心美国搞'脱离接触'。"有欧洲专家反对把TTIP只看作美欧之间的双边讨论,他们倾向于谈论美欧关系不顺时对中国力推全球化的溢出效应。与欧洲同行交流时,我不止一次听到这样的观点:TTIP受挫反映一个普遍问题,有很大一部分欧美人看不到全球化带来的好处,担忧者居多,而在中国,有更多人看到全球化的好处,中国并不满足于当世界工厂。他们认为,从这个意义上说,TTIP反衬出的氛围,如果欧美对中国不好,那么结果对谁都不好。

一段时间以来,欧洲内部存在如何在中美之间平衡自身、两面下注的讨论。这是一个面临深刻的权力分配与身份转型的时代。相对美欧关系，中欧关系被认为更加自如一些。然而，欧洲自身的碎片化让一切变得不确定。对中国而言，欧洲在一些问题上难以达成统一姿态面对中国，恰恰意味着更多的灵活性和适应性。对欧洲人自身而言，欧盟成员国之间在面对中国时的双边竞争与力量更迭，也加深了对欧盟内部等级划分的担忧。

（本文作者是中国人民大学重阳金融研究院研究员陈晨晨。）

【澳大利亚】陆克文

以"中庸"之道共建亚太共同体

早在 2008 年,我曾设想 2020 年是建立"亚太共同体"较为现实可行的时间,包括拥有成员国、相应授权以及机构实力。然而这些年,亚洲所面临的一系列传统和非传统安全挑战都没有发生太大的根本性变化。随着区域局势的变动,这些问题已变得更为突出、更加紧迫。

如今,一系列悬而未决的领土争端导致大国与大国之间、地区国家与地区国家之间的战略摩擦不断上升,而这一现象也致使亚太地区安全秩序面临重大压力。在经济方面,长久以来借自由贸易之名所建立起来的亚洲经济秩序也逐渐开始出现分裂的现象,如通过建立贸易区块来排除部分国家参与等。

现今,美国大选又给亚太未来带来更多不确定因素。特朗普总统将会如何面对亚洲和中国?目前还没有人能给出明确的答案。未来亚太地区将会如何应对特朗普政府的政策,我们也没有人能够准确预测。

面对这么多的不确定性,古代先贤们也许能给我们哲学上的指引。例如"中庸之道",这是一个在欧洲与亚洲都熟知的哲学观点。

子曰:"中庸之为德也,其至矣乎!民鲜能久矣。""中庸之道"虽然是关于个人修养的哲学,但我认为它也是治世方略。明智的治世方略贯彻"中庸之道"的智慧,懂得不偏不倚地处理问题,谨防落入任何极端。它告诉我们,治国的成功依赖于任用贤才;它还告诉我们,一个贤君对官对民都应尊重。

这一古老的智慧并不是亚洲所独有的。事实上,孔子的"中庸"一说与亚里士多德的"美德"概念如出一辙。在亚里士多德的《伦理学》第二卷中,他将"美德"定义为两个极端的中间。因此在这一点上,孔老夫子与亚里士多德的关于"平衡""合适""中庸"的哲学观点不谋而合。

那么,这个哲学理念怎么能应用在融汇了丰富哲学与宗教传统的亚洲呢?两极之间的取中平衡,或者说将两个极端观点进行协调的方法,可以说是维持区域和平、秩序以及稳定的唯一可行之路。

2012年,作为澳大利亚外长,受西方思想和孔子的"中庸"理念启发,我提出了共建"泛亚联盟"(Pax Pacifica)建议。从那之后,我一直努力将"中庸之道"贯彻到亚洲地区安全架构的构建之中,也包括在我努力推广的"亚太共同体"(Asia Pacific Community)之中。

或许没有一个有效的泛区域多元文化机构能完全应对亚洲面临的核心安全问题和经济挑战,但它总是能为缓和紧张局势、处理危机争端创造一个文化间的"冲突吸收机制"。

面对共同挑战,"亚太共同体"要有一个愿景,一个完美的设计,但这个方案须包括两个要点:一是涵盖包括美国、日本、中国、印度、印度尼西亚等大国在内的所有亚太地区国家;二是针对共同挑战,应具备积极参与全面对话、合作并采取相应行动的能力。

有些人质疑我所倡导的"亚太共同体"有些像亚洲版"欧盟"。事实并非如此。"亚太共同体"的最初设想并非是要在区内推行一个凌驾于国家主权之上的政府机构,并以此推行泛亚身份的认同感和忠诚度。毕竟,欧亚历史、文化、宗教以及文明背景大相径庭。况且,在近代欧亚历史上更有欧洲殖民主义这些并未被亚洲人民所遗忘的黑暗阶段。

然而,亚洲和欧洲在地方主义上的差异不应让我们忽视这样一个事实:虽然历史不会重演,但它却难免相似。欧洲的历史一直在提醒人们:永远不要把和平视为理所当然。

1914年7月,欧洲出现了一个初期的泛欧洲安全体系。这一体系可能在国家领导人相互假设对方行动以及做出关键性选择时产生决定性差异。若没有一个区域性的安全体系或一个成熟的安全对话机制,社会将缺少一个有效的政治"减震器"来缓解各国相互竞争的民族主义。我们应该都不会忘记,仅靠欧洲国家之间的经济高度依存关系并没有阻止20世纪初的那场战争。

当然,"亚太共同体"不会复制欧洲的合作模式以及它们逐步演变出的共识。尽管如此,亚太地区需要逐步形成一个共同的政治与安全机制，借此防止、减少并缓解地区紧张局势。

在亚太区域这一广阔的区域下，我们需要有一个共同的发展愿景。《圣经》上说，没有愿景，人必凋零。当我们对未来缺少一个共同愿景时，我们会将更多注意力转移到彼此之间的差异上，那就只能导致分裂。实际上，寻求共同发展愿景就是东盟之所以成功的秘诀。

在局势较为稳定、没有真正安全冲突的这个阶段，我倾向于建立一个全新的"泛亚太合作机制"。假以时日，这个机制将可以培养更深的相互依存关系，并协助建立全新的政治透明度、信任以及合作模式。同时，这一新机制也可以缓解中美双方在亚洲地区的战略对立趋向。当然，这个机制不可能一蹴而就，需要经历相当长的过程积累共识，建立基础。

总之，对未来的所有不确定性，恰恰意味着我们应借鉴那些融汇了东西方文化中有关和谐以及中庸思想的古代智慧，在寻求"中庸"之道的过程中广集众智，缔造亚太区域的共同安全，实现亚太区域的繁荣发展。

（陆克文是澳大利亚前总理。本文整理自作者在中国与全球化智库［CCG］联合举办的"世界华人经济峰会"上的演讲。）

第三章　和平大外交

过去30多年的高速发展使中国的国际影响力日益增强，中国崛起成为世纪之交国际关系中最引人注目的变革。对于中国的外交政策及其可持续性，国际上存在不少争论。回顾过去这几十年，正是和平发展让中国得以长期保持国内及周边稳定，进而使其能在推动国内改革、解决内部问题方面迈出坚实步伐。

【巴基斯坦】奥瓦斯·海德

和平理念乃中国外交基石

过去30多年的高速发展使中国的国际影响力日益增强,中国崛起成为世纪之交国际关系中最引人注目的变革。对于中国的外交政策及其可持续性,国际上存在不少争论。有人认为中国的行为方式会因一些不确定因素改弦易辙,笔者对此不以为然。

尽管从毛泽东时期到邓小平时代再到现在,中国追求国家发展目标的方式不断调整,比如早期过于注重意识形态区分而后来更加务实灵活,但其外交政策的本质从未改变。笔者认为中国外交政策发展可以分成两个阶段:第一阶段从1949年至1978年,彼时中国需要保证国家生存和安全;第二阶段从1978年至今,这时中国需要实现发展之梦。两个阶段的外交政策目标都是寻求正确发展道路。经过一番探索,中国在国际政治中保持独立自主,不依赖他国,成为维护世界和平正义的国家。

评价一国外交政策有效与否,首先要看其为国家打开的是机遇之窗还是地狱之门。回顾过去这几十年,正是和平发展让中国得以长期保持国内及周边稳定,进而使其能在推动国内改革、解决内部问题方面迈出坚实步伐。著名军事家克劳塞维茨说过,"不论是否由本国发动,战争都是外交政策的败笔。"毫无疑问,在避免战争这个问题上,中国相当成功。

判断一国外交政策是否成功,还要看其在追求本国目标和维护国家利益时能否有效控制暴力、边缘政策以及制裁、恐吓等手段的运用。美国的对外政策充满攻击性,但中国坚持和平姿态,努力推动与美国建立新型大国关系。日本曾对中国犯下严重罪行,两国也存在钓鱼岛争端,但中国坚持通过和平谈判方式解决问题。这种做法不仅为中国自身带来可持续发展,也促进了地区和世界的和平与稳定。从这方面看,中国没有任何理由改变对外政策。

在与他国交往时,任何国家都会从自身哲学角度进行分析判断。儒家思想渗透于中国社会各个层面,也为中国在国际关系中的行为提供了思想基础。儒家思想以和合理念为基础,21世纪的中国外交思想明显体现了这种哲学基础和价值观。虽然近代以来遭受外敌侵略甚至屠杀,但中国从未报复性地占领或威胁别国,这些就是明证。

有人突出强调现在中国面临诸多挑战:对内,中国面临城乡差距、东西部发展不平衡等问题,恐怖主义和极端主义等非传统安全事件也有发生,这些问题持续下去可能导致社会的不协调甚至不稳定;对外,中美之间需要减少摩擦加强合作,中日和解目前看来尚需时日,南海问题仍然复杂。他们认为,这些挑战最终将会迫使中国在外交政策上做出调整,以便转移矛盾。但中国政府的看法与此恰恰相反,无论从其外交话语还是实际行为来看，中国都清楚地认识到，只有坚持和平发展才能更好地应对来自内外部的挑战，在这方面中国绝对不会走错方向。

虽然中国外交政策随着时间不断演变，但其根本宗旨始终是维护国家利益。早期相对保守的做法导致中国封闭，后来改革开放和务实灵活为中国赢得机遇，这个经历使得和平发展理念成为中国外交政策的基石和必然选择。

（奥瓦斯·海德是巴基斯坦海军总部作战部部长、海军上校。本文由国防大学防务学院孙若菡、徐国平译。）

【美】奥尔布赖特

中美须谨慎避免冲突发生

美国前国务卿奥尔布赖特女士日前出席南京大学－约翰斯·霍普金斯大学中美文化研究中心30周年庆典活动，并接受《环球时报》记者专访。作为美国历史上首位女国务卿（任期1997年1月至2001年1月），奥尔布赖特在回答问题时"重申"了"美国是大西洋国家也是太平洋国家"等说法，她还强调，美国的亚太再平衡战略在她看来不是一种"遏制"，这点被"外界误读"。对于美中关系，她认为"既有分歧又有对话和合作"，可以有解决问题之道。

谁在主导着太平洋的秩序

环球时报：中国的崛起仍被美国视为"潜在威胁"，而中国总是感到"被人挑衅"。您如何理解目前中美面临的这种安全困境？

奥尔布赖特：我说过很多次美中关系是21世纪最重要的关系。这一关系有很多层面，既复杂也经历过起伏。就像刚结束的第八轮美中战略与经济对话,我们达成不少共识,但在负面清单、货币政策上仍有分歧。在我看来,目前双方面临的最棘手问题还是涉及东海以及南海的纷争。对中国来说,理解美国不仅是大西洋的大国,同时也是太平洋的大国很重要。我们主导着太平洋的秩序。日本和韩国是我们的同盟国,我们和菲律宾有长久的友好关系,现在我们又和越南建立起积极的关系。有些国家都对中国在南海上的岛礁建设表示疑虑。这显然是一个难解的问题,我们彼此都需要谨慎地处理,避免发生冲突。

环球时报:近来有些美国学者认为"中国改革处于停滞状态,缺乏动力"。您如何认识中国正在进行的改革?

奥尔布赖特:从经济的角度看,外界的确有困惑。中国领导人提出一系列富有前瞻性的改革理念和改革计划,比如"十三五"规划。但是经济发展的速度放缓之后,人们并不十分清楚政府下一步的走向,如在吸引外资和货币政策方面。(外界)对于中国的经济形势会有一些疑虑,因此我觉得双方当下需要有更多的沟通。这种沟通不仅是政府层面的,也应包括企业家层面。很多在华的美国商人都觉得生意越来越难做,对于经济减速感到担忧。

民族主义确实很危险

环球时报:前不久,美国防长卡特称中国正修筑"自我封闭的长城",该说法中方并不接受。您怎么看这个问题?

奥尔布赖特接受《环球时报》记者采访

奥尔布赖特：外界确实不太清楚中国想做什么，但对南海以及东海局势又十分担忧。人们对于中国更为外向的外交政策，以及中国国内不断升温的民族主义都有些许担忧。

环球时报：民族主义成了全球很流行的一个词。您如何解读民族主义？

奥尔布赖特：我认为民族主义无论在哪里都是非常危险的。我在中欧、东欧、美国都表达过这个观点。爱国主义——为自己国家自豪是一回事，但（如果）因为本国的问题而仇视其他国家是另外一回事，民族主义确实是十分危险的。

断绝和中国贸易的说法十分荒谬

环球时报：美国总统大选共和党候选人特朗普的言行受人关注，有人担心他会损害美国的形象。对此，您怎么看？

奥尔布赖特：会的。作为一个前任外交官，通常我不会在国外批评本国的政治人物。但我已太多次被问及如何看特朗普的言行。特朗普的言行确实让人困惑，因为他对问题的很多陈述、表态都不是基于事实的，甚至在某些时候是煽动民族主义情绪。比如，"断绝和中国贸易往来"的说法是十分荒谬的。他的很多说法，从美国的角度看，是没有任何意义的。

环球时报：如果希拉里当选美国第一位女总统，您会给她什么建议？

奥尔布赖特：我想希拉里不需要我的建议。她完全了解美中关系的重要性。再回到刚才的问题。美国的亚太再平衡战略被不少国家误读了，这不是我们推行的遏制政策。翻开地图，你就会发现，美国是一个太平洋大国，我们在太平洋有不少盟友。而希拉里能很清晰地从这个角度认识和阐述两国关系。如果一个国家和另外一个国家发生矛盾，我们应把这种矛盾开诚布公地提出来。未来我们需要建构这样一种能直面矛盾和分歧的美中关系。希拉里在做国务卿期间就很清楚两国的共识和分歧所在。在人权、信息技术方面，美中或许有分歧，但我们在其他很多领域还是有对话和合作的空间，有可以解决问题之道。当国与国之间有分歧时，事实上仍可保持对话，在国际事务中这是屡见不鲜的。

（奥尔布赖特是美国前国务卿。本文由邬宁宁采写。）

【英】阿罗克·沙马

英中全面建交 45 载的荣耀与期待

在英中两国建交 45 周年之际，我们看到两国合作达到历史空前高度，双边关系不断壮大。在习近平主席 2015 年对英国成功进行国事访问期间，英中双方建立了全球全面战略伙伴关系，使两国受益匪浅。英国首相特雷莎·梅在 2016 年 9 月到访杭州参加 20 国集团首脑峰会期间，也明确了继续开展这种合作关系的重要性。在我前段时间访问北京、广州、深圳、福州和厦门时，已经目睹了这种关系所带来的积极影响。

在过去 45 年里，英中关系稳步发展、不断增强。人文联系与相互理解是所有成功关系的核心，而且英国与中国的双边对话数量为欧洲之最。我们现有在金融、国际政策和文化领域的高级别对话，展现出两国关系所涉及的深度和广度。

英国首相特雷莎·梅今年将再次访问中国，并期待与习近平主席和李克强总理进行更广泛的对话。

今天，有更多民众来往于两国之间，创历史新高。赴英中国游客数量五年间翻了一番，现在大约有 15 万中国学生在英国深造。英国希望成为中国游客最具灵感并最受欢迎的欧洲目的地。我们改进了签证服务，并搬迁扩建部分签证申请中心——在上月访华期间，我很荣幸为其中一个举行了揭牌仪式。

在那次访华期间，我率领的商业代表团展示了英国在一些领域所拥有的世界一流专业技能，并将在这些领域支持中国的经济发展。

在过去45年里，英中双边贸易增加了200倍。目前，英国是中国投资的首选目的地之一，而中国是英国在欧洲和北美地区之外的最大出口市场。正如英国首相特雷莎·梅所表明的，当前世界是建立在自由贸易、合作和全球化的基础之上。而习近平主席也在今年的达沃斯会议上发表讲话，承诺支持自由贸易和市场准入，对此我表示欢迎。在我们准备脱离欧盟之际，英国决心将建设成为一个真正的全球化的英国，对企业秉持开放态度，并为我们与中国的战略伙伴关系带来令人振奋的新机遇。我们会继续合作，在自由贸易领域加强对话，并进一步扩大两国在贸易和投资领域的联系。

我们同时也希望中国利用其国际地位和影响力推动基于规则的国际体系。我们必须共同努力，确保不同国家采用相同的规则——这是全球安全与繁荣的根本。

英国与中国展开了密切合作，加强两国间的金融与经济联系。这其中包括在中国境外发行首个人民币主权债券，以及增强伦敦作为中国金融活动中心的地位。我们通过20国集团共同倡导的绿色金融，推动了全球金融体系的可持续性发展。我们期待这项积极的工作能够得到进一步发展。

我很高兴，英国是首个正式获准加入亚洲基础设施投资银行的七国集团国家。在成立阶段就加入亚投行，将为英国和亚洲带来无与伦比的机遇，投资并共同发展。亚投行将为全亚洲的基础设施项目融资提供支持。

中国"一带一路"倡议的发展将为中欧之间创造新的贸易路线，也将为英中两国的商业合作展示新的机遇，以此来促进经济增长。这进一步展现了中国不断发展的国际前景。

安全合作是我们全球全面战略伙伴关系的另一重要议题。英中两国同为联合国安理会常任理事国，安全合作是我们共同的利益，我们协力合作解决今天的全球挑战。我们在包括南苏丹形势、联合国安理会对朝鲜问题的决议生效的重要性，以及与反恐执行工作队的合作等问题上经常交换意见。我们共同合作，支持维护阿富汗的稳定，应对与我们息息相关的、来自国际恐怖组织的威胁。

我们在气候变化和能源方面开展了至关重要的合作，我们还携手解决医疗保健问题，相互学习借鉴，以解决抗生素耐药性等重要的全球问题。正因为我们之间拥有强劲成熟的关系，两国不仅能在上述这些领域中展开开放且具有建设性的探讨，而且在那些我们存在异议的领域亦是如此。

自从英中两国建立全面的大使级外交关系以来，我们所取得成就的速度和范围，无论从单方还是双方来讲，都是非同寻常的。但我们不仅仅是回顾过去，我们未来还有很多值得期待的事情，其中包括今年晚些时候英国首相特雷莎·梅的访华之行。这将是一个绝佳的机会——大大加强英中两国未来几年开展更多合作的共同承诺。

（阿罗克·沙马是英国外交部亚太事务国务大臣。）

【法】顾德明

马克龙与中国

39岁的马克龙击败"国民阵线"候选人勒庞当选法国总统，让欧盟长出一口气。在极右政党不断崛起，英国"脱欧"谈判即将启动之际，马克龙的上台会改变什么？中法关系会受到什么影响？《环球时报》记者就此专访了欧洲对外关系委员会亚洲与中国项目负责人。

环球时报：马克龙的胜选被普遍视作法国及其他欧洲国家将继续支持全球化的迹象。中国也是全球化的坚定支持者。马克龙的当选对中国意味着什么？

顾德明：首先，这是投给欧洲的一票。此次大选，欧元是一个决定性因素。马克龙胜出是因为他最赞同强化欧洲机构，包括设立共同预算等。竞选期间，他展示出对难民、对尊重规则的外国贸易者的开放态度。他的良好记录还有对中国投资的支持，此前华人遭警察枪杀事件中，他声援过华人维权。

马克龙坚决支持经济互惠。在担任经济部长期间，他与德国达成统一立场，采取行动加强欧盟反倾销措施。总而言之，马克龙政府将为欧盟团结尽心尽力。中国和美国应当明白这一点。

环球时报：英国"脱欧"箭在弦上，极右势力在崛起，有人认为，马克龙的当选并不能改变什么。您觉得呢？

顾德明：目前为止，英国"脱欧"并没有传染性。英国的经济增长低于欧盟平均水平，艰苦的谈判过程实际上使得其他欧盟国家更团结。民族主义者和右翼民粹主义者在最近的荷兰和法国大选中均落败。

当然，维持南欧（包括法国）的经济增长和减少失业率，是保持这个势头的必要条件。马克龙在进行一项尝试，简单来说就是团结左右两翼的温和派和改革派，孤立两派中的极端政客和选民。在德国，联合政府经常发生。在法国，这并不容易，但他有机会成功。

环球时报：西方国家正"向内看"，而中国在通过"一带一路""向外看"。您怎么看这一趋势？马克龙的态度会怎样？

顾德明：我同意你所说的西方（欧洲和美国）有"内收"现象。对美国来说，这是战略选择；对欧洲来说，这是内部政策。美国大众开始害怕卷入外国的战争中。很多欧洲人更愿意生活在一片平静的岛上，没有战争，没有移民，没有因近东战争及非洲贫穷导致的难民潮。选民对于安全的要求是最重要的。

但这不适用于经济。欧洲同世界其他国家的贸易和投资在增长。2015年，欧盟对外直接投资达到5370亿欧元（1欧元约合7.7元人民币），外部对欧盟直接投资达到近7万亿欧元。欧盟及其成员国欢迎"一带一路"倡议,但问题依然存在。欧盟有经常账户盈余,尽管公共预算紧张,市场资金却充足。我们需要能够接受市场风险的外部投资者,而不是纯粹的借贷者。

公众舆论也很重要,互惠政策能起到一些作用。中国对一个世纪以前外国人占有它的铁路依然耿耿于怀。市场双向打开能够减少存在于中国和欧洲的担忧及偏见。

环球时报:贸易和投资在中法关系中占什么样的比重?

顾德明:中法两国在近些年倾向于各自独立发展,其实这也是中国的政策。过去几位中国领导人都说过,矛盾和分歧不应妨碍两国关系发展。中国公司在欧洲的成功经验说明了这一点,东风入股法国标致雪铁龙就是典型例子。

法国是欧洲接受最多中国移民和中国游客的国家。中国是法国第一大贸易逆差来源国。"法国对中国关闭"这种说法是很牵强的。随着中国经济逐渐具有世界竞争力,在新领域的开放很难避免。实际上,中国刚对美国开放了新的贸易和服务领域。法国很有可能在欧盟框架下同中国协商新开放领域。

环球时报:马克龙将怎样处理法国与欧洲及美、中、俄的关系?

顾德明:马克龙是法国历史上第一位在竞选期间谈到"欧洲主权"这一说法以及呼吁将欧洲一体化提到一个新台阶的总统。法国外交部已更名为欧洲和外交部(the Ministry of Europe and Foreign Affairs)。这些变化在一个拥有强烈身份认同和传统文化的国家非常有争议性。尽管马克龙没有公开表态,但可以说他希望成为一个欧洲爱国者，这是在一个充满危险的世界对法国利益最好的保护。马克龙的英语说得非常好，他手下至少三位部长可以说流利的德语；对俄罗斯开展外交会有些困难；他也曾抨击一些美国互联网企业的主导地位。

俄罗斯和中国对欧洲的态度有本质不同。俄政府和官方媒体经常攻击欧盟这个实体的存在。他们的目的是政治性的，是同欧洲大陆的竞争。和所有大国一样，中国有时会借助欧洲内部的分裂来推进自己的利益，但中国承认欧盟是一个政治事实。对中国来说，那些创造了这个世界最大市场的明晰规则更有价值。马克龙很有可能会在这个基础上扩大这些共同利益。

（顾德明是欧洲对外关系委员会亚洲与中国项目负责人、法国汉学家。本文由王雯雯采写。）

【韩】石东演

中韩没有难解的迷局

朝鲜半岛局势紧张升级,由此产生的诸多问题需要中韩联手应对,密切配合。若处理不好,将严重动摇半岛南北关系乃至中韩关系的基础。

笔者认为,尽管存在一些现实性困难,中韩双边关系在不久的将来仍然会保持平稳发展势头,这是因为中韩两国已经结成了紧密的利益共同体。这些共同利益推动了过去24年间中韩关系的不断发展,其中最重要的是对于半岛和平稳定达成的共识。发展经济通商关系的互补性、海量的人员交流等已经成为中韩关系的坚实支柱,因国际、地区形势变化而动摇的可能性较小。

建交以来的24年间,中韩两国巧妙地克服了不少困难,具备了克服未来挑战的政治智慧和政治意志。克服各类难题的过程也使得两国关系更加成熟,战略伙伴关系更名副其实。

韩国和中国两国之间没有特别难以解决的"悬案",关系非常紧密。两国间业已达成的各项具体协议也正在得到落实:中韩自由贸易协定正式签订、生效,韩国加入亚投行,韩中人员交流2014年突破1000万人次,韩国成为中国的第三大贸易伙伴。

石东演

2015年韩国统计两国贸易规模达2274亿美元,超过韩美及韩日的贸易总额。韩中贸易规模去年四季度已经超越中日。中国是韩国最大的贸易伙伴,最大进口和出口对象国,还是最大的投资对象国,韩国则是中国最大的进口来源国。

虽然对具体举措仍然存在一些分歧,但韩中双方在维护半岛和平稳定的问题上,始终保持高度一致。六方会谈就是韩、中与相关各方共同努力的结果。六方会谈取得了一些成果,尽管过去8年间遇到了困难,无法举行,但中韩双方仍然在与相关各方一道,充分考虑与其互补的创意外交倡议。

展望未来,应对疏解民意压力、促进国民间相互理解是摆在中韩两国政府面前最重要的挑战。在"萨德"部署等一些问题上,中韩官方和民间还存在一些误解甚至分歧,但只要双方从发展两国关系的大局出发,相互体谅,充分照顾对方的关切,中韩之间就没有难解的迷局。

(石东演是韩国前驻香港总领事。)

【菲律宾】维克托·N. 科普斯

零和还是双赢,菲律宾需想明白

菲律宾与中国很可能将就南海问题展开的会谈,置菲律宾于战争抑或和平的关键十字路口。战争还是和平,路径选择完全取决于菲律宾谈判团队将要采取的战略。

"赢输战略",或称"零和游戏"的战略将把菲律宾拖入战争,带来零收益:零石油、零天然气、零渔业,外加激怒一个按购买力平价计算现已成为全球最大经济体的邻居。这个邻居同时也是我们最大的贸易伙伴,超过了菲律宾与美国和日本的贸易总和。而另外一条道路——"双赢战略"将会给菲律宾带来和平与发展,包括令双方都能接受的主权问题阶段性解决,确保双方的核心利益都能得到适当保护和满足。

"纸面的胜利"或置菲律宾于险境

当我们在海牙赢得南海仲裁案的胜利时,我们品尝到了"赢输战略"的滋味。这场仲裁菲律宾获得纸面上的胜利,但这场胜利可能令我们陷入"零和游戏"之中,因为中国完全可以让我们在争议地区得不到一滴石油、一立方英尺天然气或一条鱼。我们得到的只是中国全副武装的战略轰炸机巡逻黄岩岛或其他争议岛礁。其中一种新型轰炸机能够在一次突袭中摧毁美国军队在菲律宾的所有6个基地，甚至连美国在澳大利亚的基地也可包括在内。中国潜艇同样能够达到此目标，如果它们也在争议地区巡逻。因此，我们在法律领域取得了战术胜利，但在地缘政治领域，我们却可能遭遇了战略失败。

如果中国为了报复我们，开始攻占菲律宾目前在南海占据的一些岛礁，那将如何？我们的领导人想过这种可能性吗？我们是否确定美国会提供援助并为我们流血牺牲？所有这一切都是我们在试图解决同中国的海洋争端中采取"赢输战略"所带来的困境。

随着与中国谈判的临近，或许该是时候仔细思考正确的战略了。我们谈判团队的最初选择十分重要。如果总统选择的谈判代表内心敌视中国，我们的团队就可能会采取"赢输战略"，最终导致战争爆发，我们得不到南海争议地区的任何丰富资源。如果杜特尔特总统真像他之前所宣称的那样不希望战争，他就应该命令菲律宾谈判团队采取"双赢战略"。同时，挑选谈判团队成员也是总统的主要职责，他要确保每一名团队成员都能把国家利益置于第一位，而不是"战争贩子"，不会对谈判的另一方心存敌意，也不会成为蓄意破坏谈判的外国势力的代理人。

这些最初的举措十分关键。正如俗语所说："一着不慎，满盘皆输。"杜特尔特总统对于谈判团队成员的选择或许意味着未来整个国家将遭遇战争还是和平与繁荣。

"小"是我们与中国谈判的最好筹码

何谓"双赢战略"？这一谈判战略意味着菲律宾和中国双方都要"赢"，但在真正的双赢谈判开始之前，双方必须解决争议度最大的主权问题。菲律宾依照法律原则宣示主权，尤其是南海仲裁获得胜利后；而中国则基于历史宣示主权，他们首先发现、首先命名，根据国际法和历史拥有主权。双方都有自己的理由，如果互不让步，即使谈判一百年、一千年，双方的立场永远不会相容。因此，更好的办法是搁置主权争议，对外明确双方都不会放弃各自的主权诉求，如此便可对本国国民有一个交代。一旦双方就主权问题达成一致，才能开始"双赢谈判"。

对于菲律宾而言，什么才是"赢"？这包括菲律宾的五点核心利益：1. 在争议地区实现联合开发、环境保护、利用渔业资源和海洋资源。2. 在争议地区实现油气资源以及其他矿产资源的联合勘探、开采和开发。3. 放开签证，并在有争议岛屿的旅游开发上进行合作。4. 中国将马尼拉作为"21世纪海上丝绸之路"最东端的一环。5. 中国支持马尼拉硬件设施的建设，包括马尼拉、八打雁、苏比克等主要港口的现代化，克拉克国际机场的开发，吕宋和棉兰老岛从北到南的铁路网络，现代化电信系统，清洁能源开发以及铁路网络沿线一些城市的工业区发展。

外界曾就菲律宾这个小国与中国这个大国之间的谈判表达

担心。在这个问题上，我认可毛泽东的说法，"坏事情可以变成好事情"。"小"是我们在接下来与中国谈判时最好的筹码。整个世界都在观察南海局势的发展，中国不可能针对菲律宾这样的小国实施威逼战术。可以肯定的是，中国绝不希望被外界视为"霸道"的国家。我们的谈判代表应该利用我们的"小"，来融化并最终赢得"龙"的心。

我们必须了解中国为什么要"赢"

对中国而言，什么才是"赢"？我们必须清晰地了解中国在南海的核心利益。美国知名地缘政治专家罗伯特·卡普兰将这些南沙岛礁称作"毫无价值的石块"，没有居民，没有地缘战略价值。

中国的观点则与此相反。对于中国人而言，坚持这些"毫无意义的岩石"关系到中国民族和文化的生存。原因在于，这些扩建岛屿的主要功能之一便是防止针对中国东海岸的先发核打击。美国"俄亥俄"级核潜艇拥有164枚"战斧"巡航导弹，每一枚导弹上都装载有威力大过广岛核弹数倍的核弹头。它们可以秘密地潜入中国东南部沿海地区，并对中国的工业基地和人口中心发动首轮核打击。这就是中国为什么需要这些南海岛屿的原因，它们可以帮助中国监控、防御美国及其盟国的潜艇核攻击。如果这些岛屿被美国或者其他国家武力夺取，中国肯定不惜一战。

中国扩建这些岛屿的另一重要原因是要防止美国或其盟友——日本和澳大利亚对马六甲海峡及其他地区重要航路实施海军封锁。中国与中东和非洲的石油贸易，中国与欧洲、波斯湾国家、非洲的所有产品贸易都要经过这些海峡，封锁这一战略要冲可使中国经济陷入困顿。因此，我认为对中国来说，"赢"首先是维持现状。中国继续坚守并发展其目前控制的岛屿，从而防止美国核潜艇通过南海深水区发动先发打击，防备美国及其盟友对重要航路实施海军封锁。

另一个重要的"赢"是将当前海上"丝绸之路"进一步拓展，不仅包括亚洲、欧洲和非洲，还将连接大洋洲、北美洲和加勒比海，以及南美洲。这将令中国的"一带一路"倡议真正成为一项全球性的经济大发展。

如果菲中双方能达成双赢解决方案，菲美之间的《加强防务合作协议》就没有继续存在的必要。菲律宾也就没有理由成为两个大国的博弈场。

（维克托·N.科普斯是菲律宾武装部队原情报局局长、退役将军。本文以作者在"超越冲突：中菲关系的未来"研讨会上的发言为基础形成。）

【土耳其】雷杰普·塔伊普·埃尔多安

土耳其与中国：共享历史，共创未来

古往今来，商贸要道意义非凡，它们在每个时期的文化传播乃至当今的全球化进程中都扮演着至关重要的角色。古丝绸之路在历史上就发挥着连接欧亚两大洲交通和贸易的作用。因而，丝绸之路几个世纪以来一直是沟通东西方的桥梁。土耳其位于欧亚大陆交汇处，独特的地理位置使其历史上就是丝绸之路上最早的国家之一。

中华人民共和国国家主席习近平阁下2013年提出了建设"丝绸之路经济带"和"21世纪海上丝绸之路"（"一带一路"）并在此框架下重振古丝绸之路的伟大倡议，土耳其对此表示大力支持。

土耳其在亚欧两大洲的交通贸易要道上占据着独一无二的重要位置，对"一带一路"诸多项目的成功实施具有关键意义，旨在建立一个覆盖基础设施、交通、投资、能源与贸易的大规模综合性网络。

亚欧两大洲的贸易关系目前正处于一个飞速发展、不断深化的时期，习主席在此背景下提出"一带一路"倡议，从土中战略合作关系角度来看，具有重大意义。

土耳其的"中间走廊"项目，从土耳其开始，途经格鲁吉亚和阿塞拜疆，穿越里海，横跨土库曼斯坦、哈萨克斯坦、阿富汗、巴基斯坦，最终到达中华人民共和国。该项目是振兴古丝绸之路计划最重要的组成部分之一。我们看到，中国提出建设"丝绸之路经济带"的倡议与土耳其的"中间走廊"项目相辅相成。我们希望在这些项目上加强与中国的合作，这也将为下个世纪的贸易指明方向。

因此，我们两国 2015 年 11 月 14 日 G20 安塔利亚峰会期间，签署了推进"丝绸之路经济带"及"21 世纪海上丝绸之路"倡议与"中间走廊"计划相对接的谅解备忘录，两国间的双边合作由此迈出了至关重要的一步。

为使"中间走廊"项目成为"一带一路"倡议的重要补充部分，土耳其实施了诸多与"中间走廊"有关的重要项目，其中的"巴库—第比利斯—卡尔斯"铁路项目将在几个月内投入运营，这也意味着"中间走廊"的关键节点即将完成。

与此同时，为实现这些目标，土耳其作为这些重大项目的桥头堡，迅速在全国范围内开展了诸多基础设施投资，譬如：伊斯坦布尔海峡上的第三座大桥——苏丹塞利姆大桥顺利完工，横跨伊斯坦布尔海峡的马尔马拉海底隧道业已通车，飞跨达达尼尔海峡的恰纳卡莱 1915 大桥投入施工。所有这些公路铁路、物流基地、通信设施，都是"中间走廊"项目的具体体现。

土中两国经济发展迅速、富有活力。我们相信，两国在这些宏伟的项目上共同参与、通力协作，会在各个领域获益良多。

正如一句谚语所言："未来所有的花朵，都孕育在今日撒播的种子里。"我们两国政府今天播下的种子，正为我们子孙后代建设新的花园打下根基。

我相信，到两国建交50周年的2021年，我们两国间的新合作将不断结出累累硕果。借此机会，谨向我尊贵的朋友——习近平阁下的亲近友好表示感谢，向友好的中国人民致以最诚挚的问候和敬意。

（雷杰普·塔伊普·埃尔多安是土耳其共和国总统。）

【智利】梅勒特·蒙特罗

中国需要一支现代化大洋海军

改革开放和现代化建设的成就深刻改变了中国在地缘政治和国际关系中的角色和影响。为了继续保持经济强劲发展、增强区域和全球层面的战略地位,既关注现实又着眼未来的中国需要改变传统大陆性政策,更多采取现代海洋性政策。其重点是加强国防现代化,尤其是海军力量的建设。

回顾新中国成立以来海洋力量建设的历程,就会发现中国对外防御战略,尤其是海军力量的发展,更多是对变化中的国际安全环境的反应,是基于其维护自身发展、保护海洋安全的实际需要。新中国成立之初的1949年,中国便建立了一支装备初级的海军,用以保卫领海和沿海主要工业集中地区,同时作为陆军支援力量用以防御美苏可能的两栖攻击。20世纪80年代后,开始改革开放的中国先是需要保护其海洋通信线路安全,后又面临保护海上航道的需求。为此,中国不断更新对外防御策略,努力发展与之相适应的海军力量。该策略从领海开始,逐渐覆盖毗连区和专属经济区,最后通向国际水域。

当下国际安全环境尤其是周边环境新的变化对中国海军建

设提出了新的要求。对今天的中国来说，海洋已是扩大贸易和获取资源的一个重要来源，同时也是其融入国际政治关系的舞台。但中国的"海上舞台"目前面临巨大不稳定性和不确定性，这在南海和印度洋两个方向上表现尤为突出。

一是南海问题。过去几十年来，中美之间分歧不断。美国不仅是台湾地区现状的主要担保人，同时它还支持南海周边一些国家就领土争端问题与中国缠斗。中美两国社会政治制度、国家发展理念以及外交国防政策等差异巨大，尤其是中国的海外利益拓展与美国地缘政治和国家战略目标形成针锋相对的效应。可后者恰是中国的弱项，美国则习惯并擅长对海上通道等海洋利益的管理与控制。因此，巩固和保持在周边海域的战略主动权对中国来说越来越重要，中国必须加强"制海"能力建设，否则难有作为。

亚洲不断上升的能源需求将以两种显著方式影响中国南海。首先，邻国可能寻求最大限度地获取近海资源，以减少对进口的依赖；其次，日韩等国都显著依赖进口，主要通过中国南海海上通道进行运输，它们会尽量避免危及自身供应的连续性。这些国家都表现出借助武器来保护自身国家利益的意愿。美国虽无领土等方面要求，但认为该地区的任何改变都可能危及它的其他切身利益，因此也将加强干预和海上控制看得至关重要。

二是印度洋问题。欧洲、中东和南亚地区与中国之间的重要进出口都要跨越印度洋，在印度洋的海上利益拓展也是中国在世界海洋舞台上的又一复杂问题。尽管中国海上力量在印度洋上的活动还仅限于少数几艘军舰执行打击海盗任务，但中国海军在马六甲海峡两岸的存在，还是导致东南亚国家、印度、澳大利亚和美国等担心中国海军超越打击海盗活动及其战略存在的危险。但印度洋对中国来说如此重要，以至于中国不得不迎接外交和防务政策方面的挑战，在发展海上力量的同时尽力消除相关国家的担忧。

  面对这些挑战，中国需要改进更新旧式海洋观，努力建设一支现代化的大洋海军，以提升在西太平洋和印度洋的操作和行动能力，既支持北京的国际政策，又在两大洋上维护中国的海上利益。在此过程中，中国需要制定并灵活运用各项经济政策和国防政策，实现保持更大政治战略地位以及在海上与别国交汇区域管理的有效性；在执行和平发展战略时，中国应坚持给予国际社会其他成员机会并赢得支持和尊重，加强世界级的"软实力"建设。当然，美国最好能认识到，中国是一个可以相处的海上战略合作伙伴，两国可以设法相互补充。

（梅勒特·蒙特罗是智利海军第一海区参谋长、海军上校。本文由国防大学防务学院徐国平、赵保良译。）

外交方式多样化

中国在卡塔尔展开体育馆外交

澳大利亚"政策论坛"2016年12月19日文章,原题:中国和卡塔尔的体育馆外交。

随着亚洲国家在战略上发展足球运动,全球足坛重心正东移。其中,卡塔尔和中国正扮演核心角色。多年来,卡塔尔一直独自斥巨资追求足球成功(获2022年世界杯主办权是其成就的有力象征)。但自中国宣布足球发展愿景后,两国如今正在一种"东西亚"同盟下展开合作,该同盟将深远地改变世界足坛格局。

似乎是为展现这对"炫耀夫妇"的"婚姻",近来中卡宣布将联合建造2022年世界杯主体育场。北京的"体育场外交"由来已久,因此,中卡合作并不出人预料。但正如中国发展的大多数关系一样,这种"东西亚联姻"将绝不仅限于足球和世界杯,贸易、投资和资源才是北京足球关系网中更重要的元素。

中国已成为卡塔尔的主要贸易伙伴。但这并非是北京向小伙伴施展影响力的"单边"关系。作为液化天然气和石油产品出口大国,卡塔尔不仅是中国至关重要的燃料来源,还施展政治影响力。中卡官员近年来多次举行重要会议,在油气勘探开发等方面达成合作协议。北京还宣布愿参与卡塔尔高铁网建设,承诺与其展开投资和金融合作等。

这些承诺并不令人意外,因为卡已然参与"一带一路"倡议。2016年早些时候,中方重申将帮助卡塔尔实现"2030年国家愿景"。至关重要的是,体育(尤其是足球)是该愿景的战略支柱。因此,这也是中国支持2022年世界杯的含蓄声明,并巧妙地使之与其自身的体育目标、更广泛的地缘政治目标乃至矿产资源利益相吻合。在这种背景下,不难看出新丝路正是将所有这些融合在一起的"黏合剂"。

北京到多哈看似遥远,但中国已证明自己极擅长弥合地理距离,这也正是"一带一路"精髓所在。下一个十年,足球、矿产市场和地缘政治或将被牢牢控制在这两个雄心勃勃的亚洲国家之间。

(外媒作者是西蒙·查德威克。本文由王会聪译。)

中国正以空前速度改变东南亚

彭博新闻社网站2016年12月5日文章,原题:中国正以空前速度改变东南亚。

中国的投资正前所未有地改变柬埔寨、老挝和缅甸等东南亚邻国，同时帮助它们变成其更大的出口国。

这促成一些国家实现世界上最快的经济增长，也为寻求将产能转移出国的中国公司提供了低成本的替代选择。渣打银行经济学家爱德华·李说："中国显然整体上把这些国家看作其可以出售产品、获得良好投资回报的区域。在中国国内，企业的经营成本越来越高，从而加速了这个趋势。"

从铁路到房地产，中国投资柬埔寨、老挝和缅甸的各个领域。在内陆国老挝，中国—老挝铁路去年开工。该项目是"一带一路"倡议的一部分，报道称耗资54亿美元。铁路将从边境延伸至老挝首都万象，全长414公里。

缅甸在向民主转变后实行开放经济，并采取市场改革。国际货币基金组织预测今年缅甸经济增长8.1%。缅甸事实上的领导人昂山素季今年上任后很快与中国接触。中国是缅甸最大的贸易伙伴。

据预测，今年柬埔寨经济将增长7%，而老挝增长7.5%。较快的增长也转化为收入水平的提高和贫困的降低。目前中柬关系迅猛发展，贸易关系也是如此，去年双边商贸攀升至48亿美元，是2012年时的两倍多。

柬埔寨、老挝和缅甸越来越融入中国的供应链，它们从中国的工厂采购半成品，然后出售服装和鞋子等消费品，而这些产品也往往是中资公司制造的。国际货币基金组织的数据显示，过去5年，中国从上述三个东南亚经济体的进口增加了一倍多。

（外媒作者是戴维·罗曼。本文由乔恒译。）

中国在阿拉伯世界的文明外交

世界报业辛迪加网站2016年12月5日文章，原题：中国的文明外交。

中国正快速变成世界大国，有能力对其他国家施加有分量的影响。随着欧美的领导力越来越边缘化，中国也越来越靠近地缘政治的舞台中心。

中国不乏知音，其中一个原因就是那些南半球国家，与欧美相比对中国更有惺惺相惜之感。他们认同中国的反帝斗争史，也认同中国人的长相。对一个崛起中的超级大国来说，世界上大多数人口对它抱有这种感情是难能可贵的。

中国发挥全球作用的方式也与西方不同，因为它强调与非西方国家"求同"。中国用这种战略，将其影响力远远拓展到了直接掌控的地区之外。人们常以撒哈拉以南非洲为例，来说明中国的影响力是怎样取代欧洲前殖民大国的。就在最近，中国政府还强调了其在中东和北非，尤其是埃及的长远利益。中国国家主席习近平在为推动"一带一路"倡议而展开的区域性访问中也去了开罗。

中国复杂的区域战略有一个重要特征，即努力与合作伙伴建立平等关系。如中国通过强调共同历史来与埃及构筑平等关系，这种策略在两国都激起了共鸣。早在后殖民时代，中东和北非地区雨后春笋般冒出很多新国家时，中国就对阿拉伯世界产生了兴趣。但冷战、中苏交恶等阻碍了南半球国家间的合作，中埃联系也随之冷淡。但今年习主席和埃及总统塞西高调会面，一切都发生了改变。塞西在向中国靠拢，中埃达成了一系列双边协议。其中最引人注目的就是中国投资450亿美元帮埃及在开罗附近再建一座新行政首都。在一个曾受美欧利益主宰的地区，中埃新关系是中国吸引新盟友的基石。正是在这一点上，中国这种植根于相互尊重和共同历史的文明外交思维，与西方的殖民、后殖民和新殖民思维形成鲜明对比。

中国通过赞扬埃及文化、暗示两国同根同源，加强了与埃及的外交关系，创造了更多经济合作机会。而埃及作为通往阿拉伯世界的大门，将成为中国的重要战略盟友。通过加强与埃及关系，中国也扩大了对其他中东、北非国家的影响力。

（外媒作者是博努西。本文由徐珍珍译。）

匈塞铁路不只服务于中国利益

欧洲对外关系委员会网站2016年11月21日文章，原题：经由北京往来贝尔格莱德与布达佩斯：中国投资欧洲的一个案例研究．

最近的中国与中东欧伙伴"16+1"峰会的一个显著成果，是在贝尔格莱德—布达佩斯铁路项目上取得重大进展。贝尔格莱德最终签署铁路线首段商业合同，预计工程将在明年开工。

该项目反映了中国投资欧盟及周边所引发的那种不安。实际上，它很容易被视为主要服务于中国利益。它非常贴合中国的"一带一路"倡议，有助于中国增加与欧洲的贸易，推动中国对外基础设施投资，并消化掉一些过剩产能。从东道主的视角来看，匈牙利与塞尔维亚修建一条高速铁路的价值不甚明显。

在这个背景下，该项目很容易被当作中国经济外交攻势凌厉、东道国被动接受的例子。但这种看法忽视了一个事实，即项目服务于塞尔维亚的不少目标，并且在一定程度上受到贝尔格莱德的左右。

塞尔维亚为申请加入欧盟，早就想升级糟糕的交通基础设施。当然，这并不一定意味着建高铁，所以贝尔格莱德通过谈判，将项目降为不太贵、中等速度的铁路。这可以说是塞尔维亚谈判者争取到的一个重大让步。此外，该项目将提供急需的短期经济刺激，以促进增长和就业。长远来看，塞尔维亚对中国货物从希腊比雷埃夫斯港到中欧和西欧所收取的过境费将大大改善其紧张的国家预算状况。

总的来说，贝尔格莱德—布达佩斯铁路项目是高端中国投资项目具有精巧特点的好例子。诚然，它们显然服务于中国的利益，但这并非单向的。

（外媒作者是阿加莎·克拉茨、德拉甘·帕夫利切维奇。本文由陈俊安译。）

外媒怎么看

中国正成为最讨人喜欢的大国

美国《大西洋月刊》2017年6月2日文章，原题：中国正成为最讨人喜欢的超级大国！

显而易见，1年前还不可思议，今日的中国似乎是世界上最讨人喜欢的超级大国。

不妨比较一下最近特朗普和中国总理李克强的欧洲之行。据报道，李总理希望借欧洲之行表达对开放经济、自由贸易和投资及全球、地区和平与稳定的支持；而特朗普未能力挺北约，还因贸易政策指责德国，甚至在集体合影时似乎把黑山总理推到一边。北京重申中国支持《巴黎协定》，称应对气候变化是"国际责任"；而特朗普宣布美国退出这个里程碑式条约。特朗普重申"美国优先"政策；而李总理成功塑造了中国作为开明、负责任全球主义大国的形象。

诚然，主观印象并非现实。但由于特朗普杂乱无章的糟糕外交决定，以及北京有条不紊剥离美国盟友的行动，中国如今似乎正打赢这场赢得全球人心之战。

过去 10 年来，中国一直重双边和多边关系、轻同盟关系。在特朗普任美国总统前，此战略似乎效果一般。当华盛顿提供集体安全、国际认可和有利贸易政策时，其他各国凭什么要对北京低声下气？

但自去年 11 月以来，美中各自的战略和现实转变了。特朗普的一些言辞和种种行为疏远了美国盟友们。结果是，盟友们开始考虑替代选项。比如，德国总理默克尔表示，欧洲大陆应"把我们的命运攥在自己手里"。她与李总理会晤时强调中国"已成为更重要的战略伙伴"，还说"我们处于全球不确定时代，我们在所有不同领域扩大伙伴关系和推动基于规则的世界秩序的共同责任"。她的话不仅间接批驳了特朗普，还表达了希望中国承担美国如今似乎在让出的一部分国际责任。

北京为这些国家接入中国的世界秩序提供了框架，最突出的就是"一带一路"。中国还在继续增加对现有国际框架的影响力。北京不仅接受那些感到被美国轻视的国家的热情，还试图孤立美国盟友以维护自身权利。

世界第二大经济体，这个可能主导 21 世纪的国家没有盟友，但这并非说今日中国在外交上孤立——远非如此。现在，中国已基本甩掉曾经的无赖国家支持者的名声，北京意识到进一步与国际秩序融合更加有利。

一位中国高级外交官 2012 年曾对笔者说，北京不相信同盟，而是从双边角度看待国与国的关系，就像邻里关系。随着北京的草木不断生长——中国如今几乎在全球任何一个国家都有合法的政治和经济利益及联系，华盛顿应该承认新的现实并体面地退让。

5年过去了，特朗普如今的确是在退让——然而既不体面，也非有意为之。

（外媒作者是艾萨克·斯通·费希。本文由乔恒译。）

从参与者到设计者，中国外交越发主动

美国詹姆斯敦基金会《中国简报》2015年7月17日文章，原题：从"游戏参与者"到"游戏设计者"：中国外交新特点。

外交如今在中国国家战略中的作用可谓空前。中国正从"游戏参与者"日益成为"游戏设计者"，影响地区和国际机构、规范、标准和观念。这种积极主动外交成功的最近一个例子就是亚投行。根据对亚投行成立和近来趋势的分析，中国外交可能呈现如下新特点。

首先，中国有意对准和解决现有国际机构和多边框架解决不了的关切和政策缺口。中国提出设立亚投行的目的是建立一个与世界银行和亚洲开发银行平行的机构，以弥补此类机构的不足，重点是基础设施发展。类似的，中国在外交上日益参与中东安全与维和。因为随着奥巴马政府从伊拉克和阿富汗撤军，中东出现权力真空。

其次，中国精心挑选具有个人魅力的发言人，使更多的利益相关方面向国内外受众，有针对性地传播外交政策的战略信息。中国授权智库和研究机构，组织各种研讨会，向外国外交官、国际组织和外国驻京记者介绍亚投行。在此过程中，中国以透明和可接受的方式精心设计和传播信息，依靠值得信赖的发言人和代表，有针对性地向外国受众宣传中国的外交政策。

再次，为了吸引更多的利益相关者，中国常常采取最好的做法或利用示范效应，使媒体密集关注以造成溢出效应并建立伙伴关系。英国决定加入亚投行对其他欧洲国家造成连锁效应。而且两国合作的示范效应还包括英国欢迎中国的投资，这些常被官员、学者和记者拿来说明中国政策的优点和好处。

最后，中国政府主动利用社交媒体和数字技术来吸引年轻人，并加强对外国受众的公共外交。北京越来越多地以社交媒体为平台，以数字技术为手段，向国内外受众介绍政策信息，而年轻人群体是一大关注重点。为帮助公众更好地了解政策，中国媒体、政府部门和国有企业，通过一系列的微博和微信，用简单的文字、数据和图片进行介绍。

（外媒作者是邱智博［音］。本文由乔恒译。）

第四章 "一带一路"：
中国与世界对接

在牛津大学拜占庭研究中心主任彼得·弗兰科潘看来："一带一路"在重新塑造未来世界。他在评价"一带一路"时说："一带一路"强调"合作"与"协作"，中国不是只盯着自己的利益，而是同时重视其他国家的利益。这是一种应对周围世界非常积极和开明的方式。习近平主席提出的"一带一路"倡议对于中国的长远经济发展非常有帮助，而且能维护整个地区的稳定。

【英】弗兰科潘

"一带一路"在重塑未来世界

编者按:"丝绸之路正在复兴。"由英国布卢姆斯伯里出版社出版的牛津大学拜占庭研究中心主任彼得·弗兰科潘新著《丝绸之路:一部新的世界史》,近日引起西方的极大关注,其中译本据悉也将正式出版。在这位西方历史学家看来,在丝绸之路的历史中,可以找寻中国巨变的影子,可以知道沿线各国权力兴衰的规律。由古及今,弗兰科潘在书中畅谈中国提出的"一带一路"计划,他近日在牛津大学接受《环球时报》记者专访时表示,当出现结构性问题的西方裹足不前时,"一带一路"正在试图预测和定义未来的世界,这种未雨绸缪的做法是"最棒的应对,聪明的政治"。

不能只从西方视角看历史

环球时报:您在《丝绸之路》中写道:追踪文明的丝绸之路,在西方强盛以前很久,亚洲的通路就把各国人民和各个地方连接在一起。您从什么时候开始研究"丝绸之路"的?

弗兰科潘：我从孩童时代就对世界充满好奇，第一次了解丝绸之路时我只有七八岁。我在书中写到亚历山大大帝与中国的联系，以及中国和中亚、地中海区域的贸易往来，对这些历史，我很多年前就感兴趣。我并不是在某个特定时刻突然想开始研究丝绸之路，只因为这已是我人生的一部分。我喜欢了解来自不同文化、讲不同语言的人如何了解对方，如何贸易、借贷、竞争和相互学习。

英文书名中的"丝绸之路"是复数，因为丝绸之路不止一条，丝绸之路沿线城市也有很多。我到访过中国，中国在不断变化，而且这不只是过去 30 年里的事情。纵观历史，中国一直在经历重生和成长。

环球时报：在讲述丝绸之路沿线国家的历史和现状时，您提到有"信仰之路""变革之路""和睦之路"，也谈到这里有"黄金之路""帝国之路"，有"战争之路""霸权之路"等。为什么您强调，西方不能再漠视"丝绸之路"的历史地位，强调不能再忽略非西方地区对世界和人类的贡献？

弗兰科潘：我们为什么要学习历史？马克·吐温说过："历史不会重演，但总会惊人地相似。"你可以从历史中学习，了解权力更替，知道人们如何应对危机和挑战，为什么成功或失败。至于了解亚洲国家的历史，不得不提另一句名言："历史是由胜利者书写的。"尽管中国、印度、伊朗和俄罗斯都有过伟大的历史时期，但最近三四百年可以说我们一直处于"欧洲时代"。100 多年前，从中国运出来的货物超过 80% 都装上了英国船只。

我的书有一部分是解释欧洲最近三四百年为什么变得重要，而此前位于欧亚大陆边缘的欧洲还处在根本不重要的地位。1000年前，人们不会来牛津、剑桥学习，因为几乎所有的学习中心都在亚洲，即便是500年前，中国、印度、中亚、埃及等地有着更强大的学习中心。但世界是不断变化的，正因如此，解释清楚政治经济权力向亚洲转移并非全新或革命性的，而是回归到过去曾经的样子就很有必要。

借这本书我想说，亚洲的崛起并不是沉睡2000多年之后的觉醒，而是历史上亚洲一直就在塑造着一切，包括欧洲最初如何兴起也与亚洲有关。在我看来，我们需要更全面了解世界历史。亚洲的历史丰富多元，他们在历史上有着最根本的地位，但在"欧洲时代"却被忽略了。举个例子，在牛津大学自然历史博物馆收藏着历史上最伟大的27个科学家雕像，但没有一个来自非欧洲国家。这也反映出我们看待历史只是从西方的视角出发。

"一带一路"在塑造未来的世界

环球时报：您也给西方读者讲述了今天中国提出"一带一路"的重要意义。"一带一路"涉及的国家在文化、宗教、种族、政治制度上都有不同，为什么中国的倡议能发挥独特的作用？

弗兰科潘：我们和邻国往往有着非常复杂的关系。我们花大量时间与他们打交道，但他们既可能是最能制造麻烦的人，也有可能是最能帮助我们的人。不同语言和文化背景的邻国需要彼此信任,才能建立良好关系。这不是一件容易的事情。如果你足够自信,你不会介意人家和你穿不一样的衣服,信不同的宗教,吃不同的食物。事实上向他们学习,你会变得更强。可以说,人们最糟糕的事情是相互斗争,而最美好的能力则是合作和交流。

对于21世纪的中国,"一带一路"这一宏大的倡议凸显中国了解世界的愿望,对中国保持自身经济增长有重要意义。我在过去6个月了解了很多中国大城市的兴起,为了维持大城市的发展,中国需要确保获得能源、资源、粮食,维持和邻国的良好关系。"一带一路"强调"合作"与"协作",中国不是只盯着自己的利益,而是同时重视其他国家的利益。这是一种应对周围世界非常积极和开明的方式。这就像如果你有一座大理石和金子做成的大房子,但是你的邻居却穷困潦倒,那么这就会带来问题。最好的办法是拿出一些钱,确保整个"社区"都很繁荣,这才符合自身的长远利益。对中国来说,也是如此。

习近平主席提出的"一带一路"倡议对中国的长远经济发展非常有帮助,而且能维护整个地区的稳定。如果只是中国变得越来越强大富有,而周边其他国家发展得很不好,那么对中国也未必是好事。像"一带一路"这种寻求基础建设、政府层面进行合作、发放贷款帮助其他国家发展的模式,是非常健康和正确的。多年以来,"一带一路"涉及的国家都在试图寻找解决问题的方法,分享有关安全、情报和反恐方面的想法。这和我们最近几个月在欧洲所听到的论调很不一样,欧洲最近在讨论怎样更独立、讨论分开。"一带一路"是在试图预测和定义未来的世界:未来二三十年世界会变成什么样子,未雨绸缪可以帮助自己做好最棒的应对。这是聪明的政治。

环球时报:您曾在美国《赫芬邮报》撰文说,"一带一路"在引领风气之先和规划未来,而西方时代几乎已终结。为什么您会这样说?

弗兰科潘:从国内生产总值来看,亚洲正在崛起,过去10年有很多人脱贫。我刚才提到,"一带一路"在试图塑造世界。当谈论西方世界几近终结时,我是从历史学家的出发点来谈论,所有的文化和政治中心最终都无法避免衰亡。我认为,我们当下所看到的——宗教原教旨主义抬头、中东问题频出、伊朗日益活跃、南亚和东南亚的发展,以及中国不断增长的雄心——这些都是世界重心转移所带来的变化。俄罗斯和土耳其这两个介于东西方之间的关键国家,正把更多目光投向东方,这并非巧合。

亚洲的未来看起来比西方更有希望,欧洲存在结构性问题。有关英国"脱欧"、欧盟解体、更关注自我等当下欧洲出现的现象,在某种程度上和罗马帝国的某段时期有些相似。公元三四世纪时,人们有过类似描述:曾几何时,罗马帝国如此强大,罗马人分散在世界各地,保卫着他们的边境(英国也曾这样),而如今,人们把闲暇时光放在巴斯泡温泉,人们谈论的是最火的明星,没有人谈论哪位将军或是那些为帝国运转辛勤劳作的人。罗马帝国的分崩离析是缓慢渐变的过程。可以说,罗马在2000年前有自己的"一带一路",当所有的结点都能相互联系——

"能获得所需的资源，促进经济增长并与邻居相处很好"——也就是我说的"三点原则"，这在历史上是任何一个大国都需要的。

当下的变化是规模性的。100多年前，世界的1/4由英国控制。两次世界大战后，英国开始走下坡路。英国曾像罗马帝国一样，自18世纪开始将世界各地的领地一点点连接起来形成帝国，可以说这是英国版的"一带一路"。三四十年前，你从伦敦乘船出发前往中国，甚至无须离开英国领土，比如途经西非、开普敦、肯尼亚、孟买、斯里兰卡到当时的香港。即便是陆地上，英国在俄罗斯、中东都设有贸易站。然而现在，这样的网络已一去不复返。

环球时报：对"一带一路"相关国家和地区来说，中国的大量投资最终改变的是什么？

弗兰科潘：如果我是（中国）政府的顾问，那么我会建议政府要现实一点，因为不是每一个投资都能满足预期，而有些可能又远远超过预期。我们生活在一个风云变幻的世界，英国"脱欧"公投的结果会影响中国在英国的整体投资，而美国大选也势必给全球带来影响。正如投资者们所说，如果你投入大量资金，那么你不会每三个月就跟进成果，你需要有长远的眼光。然而这些年，西方似乎有一个很大的弱点便是不擅长长远规划，只遵循五年的政府周期。如果能像中国那样有更长远的规划，那么成功就会更容易。中国提出的"一带一路"是正确的、具有战略意义的，遵循了处于成长期寻求建立面向未来关系的"大国模式"。中国面临的困难将是如何应对潜在的问题，尤其是在变化加快的情况下。当面临强大的邻国时，小的国家很难拒绝。中国必须非常小心，不要在谈判中要求太多。

环球时报：您在《丝绸之路》一书结语"新丝绸之路"中也提到，中国正在建设一张全新的、遍布世界的网络，这自然会让西方对中国的偏见越来越深。中国如何才能消除这些偏见？

弗兰科潘：这是中国未来10年将面临的最困难的问题，中国每一步出于防守的考虑，都会被其他国家解读为侵略和好斗行为。这非常危险，消除这种担心非常重要。在这种情况下，沟通是唯一可行的办法，解释清楚你计划做的一些事情很有必要。可以说，随着中国的崛起，世界观察中国的角度无论是军事、地缘政治还是经济，都存在很多不匹配的情况。中国可以尽量去准备和计划，事实上中国在这方面能做得更好——中国不喜欢批评，尤其是政府层面，然而任何成功的政治家、商人或长期规划者要学会的第一件事就是倾听。中国正在非常积极地试图鼓励、激发和帮助其他地区的经济增长，但其他国家将如何看待中国的这些做法？中国的政策制定者需要听到他们的声音。

"并不是说中国强大了，其他国家就会变弱"

环球时报：您强调"世界的中心是亚洲的中心地带"，为什么西方学术界特别关注中国、印度等国的迅速发展和社会变革？

弗兰科潘：这些国家发展很快，充满活力，而且市场也很大，有很多机会。欧洲整体来说思维是非常开明开放的，尽管人们可能并不会说这些国家的语言，但西方人对这些国家非常感兴趣，以前对它们的了解不够。现在欧洲人想进一步了解和接触亚洲。世界就像是拼图游戏，我们都是相互连接不可或缺的，我在书的最开头就写到，全球化并不是21世纪才有的，人类在2000年前就开始了全球化的进程。学习历史让我们换个视角来看待我们的世界，中国在21世纪所接触到的世界不是一个零和世界，并不是说中国强大了，其他国家就会变弱，而是中国强大，其他国家也要强大，这才是可行的方案，因为我们彼此连接，相互依存。

环球时报：在英国"脱欧"、"伊斯兰国"肆虐、难民潮、美国大选等"热点"背后，显出全球性的混乱，对此您怎么看？

弗兰科潘：这些热点各有不同，但有的透露出一个问题：发达国家的社会不平等在加剧。不平等严重意味着国家经济层面出现结构性问题。欧洲很多国家的经济在过去10年都没怎么增长，我们应考虑如何让经济重新返回轨道，但是改变不会马上发生。

（彼得·弗兰科潘是英国著名历史学家、牛津大学伍斯特学院高级研究员、牛津大学拜占庭研究中心主任，经常在西方主流媒体撰文。本文由《环球时报》驻英国特约记者孙微采写。）

【希腊】帕潘德里欧

"一带一路"开启全球治理新局

中国领导人提出"一带一路"已有一段时间,这一合作倡议在全球范围内引来不少关注。笔者来自与中国一样拥有古老文明的希腊,想结合自身经历,对"一带一路"建设谈几点看法。

从一个希腊人的视角看,"一带一路"不仅让希腊和中国的交流更加密切,更拉近了东西方文明之间的距离。希腊虽说是一个小国,但由于地理位置重要,古雅典文明源远流长,与中国等主要大国颇有渊源,是大国之间的重要节点。毗邻雅典的比雷埃夫斯港等交通基础设施项目的实施促进了两国间的贸易往来,使中希两国成为更加紧密的贸易伙伴。希腊有很多的货轮是由中国制造的,从中国运载很多商品前来希腊,再到欧洲和世界的很多地方。交通基础设施建设的完善也增进了中希之间的人文往来,越来越多的中国年轻人来到爱琴海边度蜜月。从这个意义上说,"一带一路"能对中西文明做有效整合,中方在推进"一带一路"建设时可进一步挖掘自己的文化传统,展现中国的"软实力",尤其是儒家思想。

对欧洲来说,"一带一路"建设的推进对金融危机的解决有重要的借鉴意义。新丝绸之路将把亚欧大陆上的很多地方联系在一起，特别是地中海地区、黑海地区和中东地区。尽管包括希腊在内的一些欧洲国家仍然深陷金融危机，但这并不意味着欧洲的发展没有新机遇。"一带一路"建设近期取得的成果说明，欧洲国家间可以相互开放更多的投资项目，共建基础设施，一起实现经济复苏，促进区域共赢。况且，今天的欧洲之所以能够从第二次世界大战的千疮百孔中走出来，正是因为各国通过经济合作加强了沟通，有效克服了战争对彼此造成的伤害。"一带一路"建设的推进给我们的另一个启示则是，当今人们面临的许多问题是地区性、全球性的，非一国之力可以应对，因此各国必须加强在区域治理和全球治理领域内的合作。金融危机往往像流行病一样，由华尔街发端，向全球传播和蔓延，更需全球共同应对。然而，遗憾的是，面对金融危机，某些国家的领导人为捞取政治资本，关起国门解决问题，给国民制造不安全感。

在未来的全球治理当中，中国应当也有能力扮演更重要的角色。我常听到有人说，在全球治理的问题上，中国总是"站在门外不愿进来"。这个问题牵涉到国际规则的制定，因为获得广泛认可的国际规则是全球治理开展的前提条件。如果中国可以更深度地参与世界规则的制定，那么凭着中国的经济、财政和金融力量，一定能够在联合国等世界舞台上发挥更大的作用。事实上，以"一带一路"为例，中国正在为全球治理的推进做很多具体的工作。在气候变化方面，中国最近投入巨资进行可再生能源的开发,并提出了更高的环保标准和更低碳的发展理念,而不是简单地通过消耗能源拉动经济增长。

中国是一个崛起中的世界大国,我也相信她可以成为世界上一支推动世界和平、合作和可持续发展的稳定力量。

(帕潘德里欧是希腊前总理。本文整理自他在 2015 年"从都国际论坛"上的发言。)

【美】帕拉格·康纳

"一带一路"让中国变得与美国不同

帕拉格·康纳曾担任奥巴马竞选团队的外交政策顾问，如今他是新加坡国立大学亚洲与全球化研究中心高级研究员。他在今年的新书《超级版图》和此前的采访中提到，中国"一带一路"完胜美国"亚太再平衡"，前者顺应时代，将推动世界走向一种全新的整合。日前，他接受了《环球时报》专访。

康纳表示，很多人认为一体化是不同政府的融合，是一个超越国家实体的存在，像欧盟或者联合国那样。不过，这并非功能性一体化，"只有基础设施一体化才是"，比如"一带一路"和亚投行。"一带一路"会突破现有的地理界限，减少摩擦，增加流通。

"一带一路"会面临哪些挑战？"当你重组这个世界的时候，必然会有挑战。"康纳认为，挑战主要来自两方面。首先是一些这样的国家，比如乌兹别克斯坦、塔吉克斯坦等。这些国家的基础设施非常落后，非常需要中国的投资。不过它们的法制有待完善，项目在签署合同后也有可能变动，所以要随时保持关注和联系。第二是来自后殖民国家,比如巴基斯坦和阿富汗。这些国家政治不稳定,还面临来自塔利班、"基地"组织等势力的威胁。美国对它们也有很强的影响力。因此在外交方面,中国面临的挑战充满战略和地缘政治色彩。另外,安全也是一个难题。

对于一些国家质疑的声音,康纳表示他们有不同的顾虑,"'一带一路'是一个新机制,它没有义务遵守现有的西方制度的安排"。这些国家担心的方面包括:中国会主导和参与国的关系;项目质量、人权、劳工和环境等标准还存在不确定性等。"不过,在所有的关系和组织中,每个参与者都会进行利弊平衡:加入其中到底是得到的多还是失去的多?显然,包括美国盟友在内的不少国家都表示愿意参与,这就是事实。"

康纳说,虽然中国面临上述挑战和顾虑,但从长远来看,"全球舆论会站在中国这边",实际上舆论怎么看不重要,重要的是结果。他对"一带一路"的大型工程持乐观态度,"无论面临什么样的困难,它们最终都会成形,因为那些国家有需求,而中国可以供应,否则今天怎么会有这么多港口、石油管道、天然气管道?"

在新书中,康纳认为如今基础设施和安全已经对国家来说同等重要了。他对《环球时报》记者进一步解释说,"二战"后,美国为全球提供了安全、稳定、联盟和保护。但今天不是每一个国家都需要美国提供的安全,很多国家希望自己来提供这份安全,希望建立自己的联盟。与此同时,发展、财富、繁荣、联通、基础设施是当下最重要的公共品。"就算我被你保护着，但我一穷二白，我也不会高兴的。大部分国家眼下非常贫穷，没有像样的基础设施。美国没有给任何一个国家提供这样的公共品，中国却成为全球最大的基础设施提供者。这就是为什么中国变成超级大国的方式和美国不同。"

康纳表示，现在每隔一段时间就能听到"一带一路"项目的进展，"按照这样的速度推进很好"。他认为，除了工程本身，中国还应帮助沿线国家学会自己建立基础设施项目，以及建成之后如何运作。

（帕拉格·康纳是新加坡国立大学亚洲与全球化研究中心高级研究员，曾担任奥巴马竞选团队的外交政策顾问。本文由李艾鑫采写。）

【美】盖尔·拉夫特

美国应积极参与"一带一路"

自2013年提出横跨欧亚大陆及其周边水域的"丝绸之路经济带"和"21世纪海上丝绸之路"倡议以来，中国开始向这一框架中添加细节，宣布了在东南亚、中亚和南亚的一系列重大能源与交通基础设施建设项目，包括最近承诺向巴基斯坦投资450亿美元，未来还将在波斯湾、东欧、东地中海地区投资基础设施项目。中国还专门设立丝路基金等，为"一带一路"提供资金支持。中国甚至还宣布了一项股市指数，追踪与"一带一路"倡议相关企业的股价表现。

针对以上动作，华盛顿以沉默进行回应。美国官员不在公开场合对"一带一路"倡议进行评论，甚至不提及其名称。华盛顿还通过软实力战术，意图破坏中国的计划，如反对亚投行，并在国际货币基金组织内部努力阻止人民币获得国际储备货币地位。其借口永远都是相同的：中国还不够负责任，不够透明，没有足够的责任感去领导一个国际开发项目。

然而，这一敌意似乎更多地源于"非出自我手"的情绪，而缺乏逻辑清晰、有建设性的地缘政治根据。此外，这种做法在道德层面也会令人反感。

但更重要的问题则是，美国对"一带一路"的冷淡态度有可能会引发未来大国冲突的风险。历史地看，改变局面的重大跨国基础设施项目通常会引发大国之间的猜忌和敌意。19世纪末，英国的开普敦至开罗铁路项目便与法国的东西铁路计划产生冲突，差一点引发战争。德意志帝国修建柏林至巴格达的铁路，以强化其对日渐崩溃的土耳其帝国的优势，导致第一次世界大战的爆发。时至今日，塑造国家间关系的已经不再是铁路，而是石油和天然气管道、液化天然气终端、高压电网和光纤线路。为重新彰显美国对于塑造欧亚地区发展的重要作用，同时也为了避免陷入大国对抗，美国应该为"一带一路"构想做准备，并寻找途径积极参与。

然而，美国能够扮演何种角色？首先，美国应该努力向该计划注入其比较优势。华盛顿的钱袋子或许不如北京丰厚，但美国拥有超强的投放能力、国土安全和网络防御能力，美国能够在保护"一带一路"走廊沿线的重要基础设施方面发挥作用。中国建造，美国保护。此外，参与"一带一路"项目的美国科技、工程和建筑公司还可以提供最佳实践、高质量和安全标准。最后，通过参与"一带一路"，美国还可以敦促中国坚守国际劳动、环境和商业标准。

若要实现以上设想，华盛顿首先应该下决心在"一带一路"框架内发挥更具建设性的作用。"一带一路"倡议是中国首个重塑国际秩序的认真尝试。对美国而言，增强中国的项目不一定会削弱美国,但站在一边生闷气而任由中国打地基,则会削弱美国。

(盖尔·拉夫特是美国全球安全分析所主任、全球能源安全论坛共同主席。本文由王晓雄译。)

第四章 "一带一路"：中国与世界对接

【法】拉法兰

欧洲未足够重视"一带一路"

"这一论坛是世界上最重要的峰会之一。共赢发展理念符合当今趋势，'一带一路'是中国的倡议，也是世界的大项目，将为全球带来和平与发展。"即将代表法国出席"一带一路"国际合作高峰论坛的法国参议院副议长、前总理拉法兰日前在法国参议院接受《环球时报》等媒体采访时如是评价。他认为，"一带一路"不仅有益于亚洲，而且有益于非洲以及欧洲。《环球时报》记者注意到，这是迄今为止法国对"一带一路"倡议的最高评价。

法国大选后，中法关系会受怎样的影响？对于《环球时报》记者的提问，拉法兰说，法中良好关系是从戴高乐将军开始就保持下来的，"这种关系是超越党派的"。拉法兰特别强调，新总统马克龙对中国以及法中关系的重要性很了解。拉法兰介绍说，他曾陪同马克龙在法国图卢兹与李克强总理进行深入接触，双方建立了良好的关系。拉法兰表示，他本人十分仰慕中国文化与历史，"要与中国人做生意，首先要交朋友。法国与中国文化有很多相近之处，因此能做好朋友"。

在采访中，拉法兰明确表示，欧洲尚未足够重视"一带一

法国前总理拉法兰读法文版的习近平主席著作(姚蒙摄)

路"倡议。此次高峰论坛能让更多国家领导人以及有影响力的人物"了解这项伟大的倡议，了解该倡议不仅涉及东亚、南亚、西亚和中亚，而且涉及非洲、欧洲等，因此这是一项世界性的、和平的倡议"。

拉法兰说，当今世界充满危险，美国的不确定性、叙利亚问题等都令人担忧。而中国的"一带一路"倡议却给世界带来合作、发展与繁荣。法国与中国一样，强调世界的多极化，因此两国合作基础深厚。拉法兰强调，欧洲必须充分重视"一带一路"，必须在其中占据重要地位，同时通过其强化与亚洲的联系交流。

《环球时报》记者问拉法兰："当下欧盟以及其他地区国家出现了保护主义倾向，针对中国进行相关限制，您对此有何看法？"拉法兰回答说："在现在的世界里，人们不可能不与他人合作独自成功。中国就是一个榜样。中国与欧洲必须拓展相互的经贸往来，与各自的保护主义做斗争，要有一种平衡的、互惠互利的经贸关系，这样才能实现双赢与多赢。"

（拉法兰是法国前总理。本文由《环球时报》驻法国记者姚蒙采写。）

【德】柯慕贤

"一带一路"是德企非常好的商机

"一带一路"国际合作高峰论坛即将举行,多国领导人确认出席,并密切关注"一带一路"计划给本国带来的商机。德国是首批公开支持"一带一路"计划并加入亚投行的国家。德国驻华大使柯慕贤先生 2017 年 5 月 10 日接受《环球时报》记者专访,就德国对"一带一路"的态度,以及期待获得的商机谈了自己的看法。

欧盟夏天将承认中国市场经济地位

环球时报:德国对即将举行的"一带一路"峰会有何期待?

柯慕贤:在最近一次通话中,德国总理默克尔告诉习近平主席,她坚决支持"一带一路"计划及其背后的思想体系。由于她本人无法参加,她将委派德国经济部长出席,随行的还有许多大公司的首席执行官。此外,德国商务与能源部长赛普利斯女士也将参加峰会。她此行重大的议题是关于如何组织全球贸易,抗击贸易保护主义。另外,我相信中方会提出有关市场经济地位的议题。

"一带一路"计划是关于连通性以及更多开放的市场，我想尤其重要的是基础设施的建设。在参与"一带一路"计划的国家中，2/3的国家低于发展水平，投资基础设施对于促进经济发展至关重要。一旦经济获得发展，政治稳定也将随之而来。"一带一路"计划不仅覆盖许多亚欧国家，还有许多非洲国家。我们乐于见到这些国家获得政治稳定，因为那样会使目前有移民倾向的人留在本国。另一方面，许多德国公司也会参加峰会，积极想参与到"一带一路"项目中，只要框架条件合适的话，他们视其为非常好的商机。

环球时报：欧盟目前仍拒绝承认中国市场经济地位。德国作为欧盟最大经济体，这是否会影响德国在欧盟推动中国获得市场经济地位的认可？

柯慕贤：这是关于执行中国加入世贸组织协定的第15条。欧盟应该在2016年12月就执行该条款，但是由于欧盟的法定程序非常复杂，需要一些时间。我们相信到今年夏天会完成这一程序。欧盟一定会在条约的框架下履行义务。在这方面，德国作为欧盟中的大国确实扮演重要角色。我们一直在说，我们履行了义务。

我认为正确表述应该是，这不是关于是否承认市场经济地位的讨论，而是关于世贸组织准入条约第15条已经预见到的某种处理方式。我相信我们会充分履行这些义务。

合作建高铁引起中方兴趣

环球时报：中企正实施"走出去"战略，这方面德国能给中国提供哪些帮助？未来双边合作潜力在哪里？

柯慕贤：双方公司已有很多合作，其中一些公司还在中国联合生产出产品并出口到第三方国家。我认为"一带一路"计划能够大力开拓双方在高铁和其他基础设施建设中合作的潜力。目前已有关于双方合作基础设施项目的讨论，我相信中国公司会对此感兴趣。

环球时报：最近欧盟驻华商会对于"中国制造2025"规划提出一些批评。您认为中国这份关于制造业的指导方针，是否威胁到欧洲的制造业从业者？

柯慕贤：应该说双方有合作潜力。但很多欧洲公司，包括德国政府在内，对于规划中所预见的中国计划抢占的市场份额是有所顾虑的。

中国制造会成为德国竞争对手

环球时报：中国制造业未来会成为德国有力的竞争对手吗？

柯慕贤：当然。中国企业会沿着高科技阶梯向上走，这符合自然的预期。对于我们来说这不是一个问题。我们不怕竞争，但是我们担心不公平的竞争。在这方面我们希望看到改变。举例来说，中国几乎可以购买任何一家德国企业，但反之则不太可能。就在最近，海南航空买下了德意志银行10%的股份，你能想象我们拥有工商银行10%的股份吗？

但我们认为中国领导人在达沃斯的发言传递出积极的信号，明确表示中国将进一步开放，并且坚信自由贸易。这个演讲深受好评。在那之后不久，中国总理也在政府工作报告中做出同样的表态。这让我们有所期待。

环球时报：德国是欧洲国家中对于中国价值观批评最多的国家之一。您认为，政治上的分歧是否会影响双方在经贸方面的务实合作？

柯慕贤：尽管存在分歧，但德国几乎是唯一一个对华贸易逐年增加的国家。中国对德国的贸易也是如此。这与全球趋势大相径庭。如今中国已成为德国最大贸易伙伴。此外，默克尔总理本人在11个月以内已经三次到访中国，两国高层互动非常密切。我们应该认识到，双方在某些方面存在不同看法是很正常的。这不会对整体双边关系产生负面影响。我想中国对德国很有信心，德国的发展前景完全可以预见，无论在经贸还是人权等方面，并且双方也不会成为地缘政治上的对手。

（柯慕贤是德国驻华大使。本文由张鑫采写。）

【波兰】马莱克·玛盖罗夫斯基

当"波兰梦"遇到"新丝绸之路"

国家主席习近平2016年6月17日至24日将对塞尔维亚、波兰和乌兹别克斯坦进行国事访问,并出席在乌国首都塔什干举行的上海合作组织成员国元首理事会第十六次会议。2016年6月6日,在波兰首都华沙总统府,《环球时报》记者同中国媒体代表团采访了波兰总统发言人马莱克·玛盖罗夫斯基(Marek Magierowski),听他畅谈中波关系、"波兰梦"以及波兰现在所处的国际环境。

波中经济关系现在最重要

"你们一定会问波兰总统安杰伊·杜达(2015年8月就职——编者注)怎么看习主席的来访,怎么看中波关系吧?"看到远道而来的中国媒体代表团成员,曾经做过记者的波兰总统发言人玛盖罗夫斯基热情欢迎,并先来了几个自问自答。玛盖罗夫斯基"回答"说:"波兰的经济发展正经历一个特殊阶段。加入欧盟12年给波兰带来很多好处,波兰经济在一些领域发展非常迅速。同时，世界各国竞争很激烈，在经济全球化的过程中，我们需要开阔眼界，放眼欧洲之外。"

玛盖罗夫斯基进一步解释说："目前，欧美很多西方国家遇到危机，波兰吸引西方投资受到影响，因此，我们需要在西方之外寻找机会。一方面，波兰会继续保持与重要经济合作伙伴——欧盟国家，特别是德国的关系；但另一方面，对波兰来说，如要加快发展，超过现有的经济规模，欧洲这个市场就显得太小了，这就是为什么波兰政府支持本国企业到欧洲之外寻找机会。我们特别清楚，波兰与中国加强经济和其他方面的合作关系非常值！"

"这并不是一个简单的问题，因为波兰与中国有文化和政治方面的差别，双方的经济发展水平也不同，加上双方在地理上距离（远）的问题，这些都会对两国的经济合作提出挑战。"玛盖罗夫斯基很客观地提到两国在文化、制度等方面存在差异，但他对波中关系很有信心，继续阐述说，"最近几年以来，波中双方做出一些卓有成效的努力。杜达总统去年11月访华，参与波中经济论坛（并出席第四次中国—中东欧国家领导人会晤——编者注）。波兰还加入亚投行，成为创始成员国，波兰议会刚表决通过这项决议。最近几年，中国发起的'新丝绸之路'和亚投行倡议，对波兰非常有吸引力。这给加强双方关系提供了绝好机会，它不仅关系到国家与国家的合作，还包括企业与企业的合作。"

据玛盖罗夫斯基介绍，波兰最感兴趣的是对基础设施方面的投资。波兰公司希望利用"一带一路"的机会，在"一带一路"沿线国家投资，如在亚洲参与相关国家高速公路、桥梁、铁路和其他基础设施的建设项目。作为中东欧经济最发达的国家，波兰还对波罗的海三国以及东南部欧洲的基础设施建设感兴趣。虽然波兰加入欧盟已经12年，但相比其他欧洲国家，波兰的基础设施还有些落后，还需要投资新的高速、铁路建设。目前，中东欧地区有西到东、东到西的交通网络，缺少的是南北的交通网络。玛盖罗夫斯基说："客观来说，波兰会成为中国出口欧洲产品的集散地。同时，考虑到波兰需要继续发展交通网络，我觉得波中双方在此方面可以找到互相配合和帮助的契机。几年之内，中国出口的产品先运到波兰，然后从波兰发往欧洲其他地区。波兰地处欧洲中心，这意味着波兰是理想的投资之地。"

　　作为总统发言人，玛盖罗夫斯基也抓住机会向中国记者"推销"波兰、描绘"波兰梦"，他说："波兰的食品质量很高，还是一个利用煤炭发电的国家，但在发展现代技术和品牌方面波兰做得并不好。过去波兰出口的加工产品不多，而波兰正在寻找自己的品牌。中国在这方面有优势。比如中国的华为，在波兰很有市场。波兰著名足球明星罗伯特·莱万多夫斯基是华为在波兰（同时也是中东欧以及北欧国家）的品牌代言人。拥有自主品牌是波兰的挑战，也是波兰的梦想。我们正朝着这个目标努力。目前健康环保的波兰食品在德国、英国、法国很受欢迎。除此之外，我们还可以出口更加复杂、更加尖端的产品，包括波兰设计制造的列车、公共汽车、电车。我期待几年之后，波兰设计制造的列车能在中国的轨道上行驶。中国的资金会帮助波兰发展铁路网络。所以，波中在经济方面的关系现在是最重要的。同时,我们不会放弃友好的政治关系。习主席的这次访问,除了谈经济话题,还会谈其他对世界有影响的重大话题。"

希望"欧盟承认中国市场经济地位"成为现实

在随后的采访中,《环球时报》记者向玛盖罗夫斯基问了两个问题,现摘录如下。

环球时报:欧盟此前拒绝承认中国市场经济地位,作为欧盟成员,波兰对此持什么立场?

玛盖罗夫斯基:这是一个非常复杂、非常难回答的问题。因为波兰是欧盟的一个成员国,我们需要跟欧盟的其他国家一起确定相关政策。相信中国很期待欧盟承认中国市场经济地位,我也希望这会成为现实。

环球时报:在中国深化国企改革、发展混合所有制经济的过程中,能借鉴和吸取波兰哪些经验和教训?

玛盖罗夫斯基:1989年之前,波兰就是工业国家,通过20世纪90年代的改革,一部分企业亏本,一部分企业被国际集团收购。在这个过程中,我们遇到的一大问题是许多企业的股权不在波兰人手里。在最近的20多年里,我们加大吸收外国投资,引进新的外国技术,但是波兰政府对相关企业并不控股,因此这些外国投资的公司并不是波兰的公司,这就是为什么我说"波兰到现在没有一个国际品牌"的原因。波兰有一个非常成功的汽车企业Opel,该汽车品牌在欧洲市场很受欢迎,但这个品牌原来是德国的,只是在波兰格利维采(Gliwice)生产。欧洲人都知道这个品牌是德国的,没有人知道该品牌汽车是在波兰生产的,这是今天波兰面对的经济问题之一。

让"新丝绸之路"成为成功的故事

采访中,还有中国媒体团记者问:"目前欧盟内部有很多声音说,波兰现在的一些新政策与欧盟不符,那么,波兰在与布鲁塞尔打交道时会有哪些变化?"对此,玛盖罗夫斯基回答说:"波兰是欧盟成员国,波兰会永远保留欧盟成员国的地位。在不同的欧盟国家、不同的时代,都会出现不同的问题,会遇到与欧盟有矛盾的时候。与欧盟委员会矛盾比较大的国家是意大利。最近几年,连德国、英国也与欧盟委员会出现问题,需要解决,这是正常的。有可能现在的波兰政府比之前的政府更强调独立的态度。"

玛盖罗夫斯基还主动提到波兰和俄罗斯等国的关系。他说:"我们欧洲有一句名言是:钱喜欢安静。我们要让'新丝绸之路'成为一个成功的故事。我们需要和平、稳定,不仅在中欧,中欧是丝绸之路的终点站,还需要在亚洲和原苏联地区的稳定。"

(马莱克·玛盖罗夫斯基是波兰总统发言人。本文由《环球时报》赴波兰特派记者宋胜霞采写。)

【哈】凯拉特·克利姆别托夫

哈萨克斯坦积极对接"一带一路"

2013年,中国国家主席习近平提出"一带一路"倡议。最初由中国首倡的亚投行也于2016年年初正式开业。对于"一带一路"倡议和亚投行,西方观察家们多有质疑,认为这是中国挑战西方体系的尝试。对此我的看法是,世界还有很多国家和地区,比如欧亚经济区域、中亚、东亚和东南亚等仍不发达,未来需要数以万亿计的投资。世界经济活动的重心正在从过去的传统区域转向亚洲,这里聚集着中国和印度等新兴市场国家。这是一个极为庞大的市场,它为任何想要有所作为的人都提供了足够空间,但前提是政府必须发展基础设施。"一带一路"倡议和亚投行都很重要,因为它们连接了该地区的国家和人民。它们不是要挑战其他什么体系,它们只会促进全球人民的团结。因此,我们应该摆脱旧有的经济和地缘政治竞争观念,充分认识到当今时代存在更多合作机会,即便是在东西方之间也是如此。

当今世界正在发生深刻变化,商品贸易以及新技术领域都是如此。虽然有时在某一特定市场内确实存在竞争关系,但同时会有其他市场带来更多合作。以亚投行为例,这是一个真正的国际多边金融机构,拥有态度极为认真的创始成员国。它与世界银行和亚开行等过去 50 年间存在的国际金融机构类似,但又有着特殊使命,即推动基础设施发展和亚洲国家间的合作。亚投行将在"一带一路"倡议中发挥重要作用,我们也希望它能在中亚积极而活跃。

中国"一带一路"倡议也与哈萨克斯坦政府的努力相一致。无论在政治领域还是能源、农业、食品加工等领域,哈中都是彼此可靠的合作伙伴。两国已经建立全面战略伙伴关系。过去 3 年来,两国签署了涵盖政治、经济和商业等多领域的协定,仅在金融领域的协议总额就达 500 亿美元。

为了更好地与包括亚投行在内的国际主要金融机构对接,哈萨克斯坦政府建立阿斯塔纳国际金融中心,希望将首都阿斯塔纳打造成一个商业活动繁荣的城市。该中心致力于为投资者创造良好环境,比如建立清晰和透明的规则、设立独立金融法庭来解决投资纠纷,为投资者提供免税和签证程序简化等特殊政策。阿斯塔纳金融中心的建立也与"一带一路"相契合。这将为中国企业投资哈萨克斯坦甚至通过阿斯塔纳金融中心投资其他中亚国家带来机遇。现在,阿斯塔纳金融中心已与中信集团和丝路基金等多家中国金融机构展开合作,并且希望与上海证交所和香港证交所探讨合作。这些举措都将有助于加强中国与哈萨克斯坦之间的合作。

除了"一带一路",哈萨克斯坦还参加了由俄罗斯主导建立的"欧亚经济联盟"。但我认为两者之间不是竞争关系,因为俄罗斯本身就是亚投行的创始成员国和重要股东,它也非常重视"欧亚经济联盟"框架内的双边和多边合作。因此不但不会造成竞争,反而会有更多的合作。正因哈萨克斯坦既是"一带一路"沿线国家,又是"欧亚经济联盟"成员国一样,所以中国企业通过哈萨克斯坦进入其他欧亚经济体也将变得更为便捷。

(凯拉特·克利姆别托夫是哈萨克斯坦经济发展与贸易部前部长、现任阿斯塔纳国际金融中心董事长。)

我们看好中国

菲律宾想搭"丝路快车"重塑荣光

编者按：自菲律宾总统杜特尔特2016年10月访华以来，"中菲关系发生重大改变"一直是国际舆论场津津乐道的话题。在这些"重大改变"中，除了政治与外交关系回暖，就属经贸关系加强最为抢眼。如今，这层合作关系或进一步加固——不到一年，杜特尔特将再访中国，参加"一带一路"国际合作高峰论坛。"一带一路"倡议对菲律宾意味着什么？为解决这一疑问，《环球时报》记者深入菲首都马尼拉、杜特尔特家乡达沃等地采访发现，在这个"香蕉大国"，在这个基础设施亟须改善的国家，"一带一路"从一个模糊的概念，开始被赋予更多期待与想象，甚至有菲律宾媒体人畅想能够借此"重塑马尼拉大帆船时代的荣光"。

虚惊：菲律宾没被纳入"一带一路"？

张兴万是菲律宾GNN电视台的一名主持人，他一直很关注中国"一带一路"倡议。不过几个月前，他发现一个问题：为什么很多有关"海上丝绸之路"的地图没有包含菲律宾？"我没有具体统计，但大概每20份地图里，只有一份包含菲律宾。不只我一个人，很多关注'一带一路'的菲律宾人也注意到了这个问题。"张兴万接受《环球时报》记者采访时说。

张兴万有些忐忑，他本来期待"一带一路"能为菲律宾带来更多机会。为了搞清楚菲到底有没有被中国政府纳入这个雄心勃勃的计划中，他专门跑去询问中国驻菲律宾大使赵鉴华。"那时大概是杜特尔特总统首次访问中国前一个月，赵大使半开玩笑似的对我说'我个人向你保证，这些地图会修改的'。"

后来，张兴万发现他的顾虑只是"虚惊一场"。中国政府数次强调，"一带一路"是开放的，不排除任何一个愿意搭乘这趟"丝路快车"的国家和地区。菲律宾总统杜特尔特还受邀参加在北京举行的"一带一路"国际合作高峰论坛。

张兴万告诉《环球时报》记者，大多数菲律宾普通人对"一带一路"的了解是"模糊而有限"的。不过，该国学界正日渐关注这个或许会改变世界经济政治版图的计划。就在4月底的一个晚上，菲学者、知华派知识分子和媒体记者就在一场有关"一带一路"的活动上进行热烈的讨论，地点在菲律宾大学迪里曼图书俱乐部里。

张兴万去参加了这场讨论会。据他介绍，其间，一位名叫艾尔文·菲尔梅萨的经济学家表达了一些顾虑。他认为，倘若中国可以重构通往欧洲的陆上丝路，并大力发展在巴基斯坦瓜达尔和缅甸的港口，那么南海和菲律宾作为通往中国海上航路的重要性将大为降低。另有学者表示，在"一带一路"的框架下，菲律宾可能拥有更大的地缘政治重要性,这意味着,菲甚至可能成为"战争与和平的战略支点",更容易卷入国际和地区冲突之中。这种观点也包含着某种顾虑。

上述学者的看法多是从"一带一路"倡议的战略意义角度出发。从经济领域看,在菲律宾北部投资风力和太阳能发电项目的青岛恒顺众昇集团董事长卢民对《环球时报》记者说,菲律宾确实存在一部分人不愿与中国走得太近,他们或是对中国产品、技术和施工能力等存在偏见,或是怀疑中国企图通过经济渗透来控制菲律宾政治,实现中国的领土主张。不过卢民认为,绝大多数菲律宾官员、经济界人士和民众还是非常希望抓住"海上丝绸之路"的机会,利用中国资金和技术推动本国发展。

正如卢民所言,《环球时报》记者在菲律宾接触大多数各界人士时,都能感受到他们希望"一带一路"为菲中两国带来更多经济合作的可能性。

(本文由《环球时报》赴菲律宾特派记者白云怡采写。)

第四章 "一带一路"：中国与世界对接

媒体谈"一带一路"

埃媒：千万别错过"中国快车"

埃及 Al-Nabaa 新闻社 2017 年 5 月 6 日文章，原题为：埃及是否错过了中国快车？

受中国政府之邀，我和非洲其他媒体的同行们来到中国参加为期两周的活动。行程结束后，我不由发出一声感叹：我的天，这个国家在短短 30 多年的时间里实现的发展，简直堪称奇迹！从城市的规划到人们的生活方式，都让我们一行人赞叹不已。

不仅是首都北京，中国各地区都十分重视基础设施建设以及将新科技应用到城市建设中。中国的发展还切实反映在百姓的生活水平上。我观察着身边走过的行人，他们的衣着是世界流行的式样；出行有舒适的铁路、共享单车；出门不需要随身携带现金或信用卡，通过手机移动支付软件就可以完成购物，哪怕是 1 元钱！

当然，与此同时我也了解到，近年来中国的物价有很明显的提升，这里已经不再是外国人可以随意购物的"便宜"之地了。房价的高涨尤为明显。

对我们媒体人来说，中国早已不是那个封闭的国家，为了向世界更好地说明自己，政府在对外传播方面投资巨大。多家新闻媒体向世界报道中国，它们用多种语言报道中国实况，有力回击西方对中国形象的歪曲与捏造。中国还向世界推广自己的影视产品和艺术文化。的确，中国仍对西方媒体设有一定的限制和约束，但至少中国的媒体已经开始走向世界，伸出了合作之手。

另一个让我苦苦思索的问题是，像中国这样一个一党执政的国家是如何实现如此大的发展成就的？我想是因为中国并没选择照搬那些既有的理论，而是选择先实现经济发展再实现政治发展，纵然对人民增加了约束，但却为他们提供了体面的生活。我还想从中国人民的角度来理解这个问题。我采访他们关于国家、自由以及网络限制的看法，他们回答我说："我们热爱政府，因为它让全国各个地区都实现了发展，不论是首都还是小城市。农村也实现了现代化，大家都能够过上舒适、安静的生活，我们有什么理由不支持执政党？"至此，我得出一个结论：政府的努力付出和百姓的信任与支持，让中国得以实现今天的成就，实现了社会的和平与政治的稳定。

来到中国后，作为埃及媒体人，我的脑海中始终在思考，中国国力强大，又对非洲加大投入，埃及要想不错过驶入非洲的"中国快车"，就应该真诚地对待中国，比如尽量给予驻埃的中国企业以方便。同时，我们还应该抓住"一带一路"这个良机。该倡议摒弃了政治性干涉的因素，旨在为各国人民创造更好的生活。中国希望通过这一倡议，重建与沿线国家的社会和经济合作。埃及具有突出的战略位置，应该积极响应中国的"一带一路"倡议，抓住有利机会。也许，即将召开的"一带一路"峰会就是一个巩固埃及与中国合作关系的良机。此外，埃及可以吸引更多中国游客前来。毕竟，如今中国的国际形象已经不再是"Made in China"这句话可以简单代替了。

（外媒作者是哈利德·马哈拉。本文由吕可丁译。）

探究新丝路"双赢"的真实含义

美国《福布斯》2016年11月22日文章,原题:新丝绸之路"双赢"的真实含义是什么？

欧亚从欧洲西部延伸至中国东部沿海，正迅速融合成一个涵盖60多个国家、占世界60%人口、75%能源资源和全球30%GDP的庞大市场。为此，多国提出各种计划，其中最具活力的当属中国的"一带一路"倡议。其最终目标是通过发展基础设施建设和推动经济一体化,创立各方都受益的"双赢"方案。

阿塞拜疆和哈萨克斯坦。两国都是依赖资源的国家，因此对经济多元化可谓孤注一掷。而这样做的主要途径之一是利用介于中欧之间的地理优势，建立连接东西的交通枢纽。

俄罗斯。俄罗斯最初认为中国介入中亚是闯入其后院。但遭遇低油价和美欧制裁后，严峻的经济压力已促使俄罗斯寻找其他的生计途径，从而不可避免地转向中国。

巴基斯坦。中巴经济走廊是"一带一路"倡议的核心，被视为巴改善能源供应、促进基础设施建设的重要途径，同时也可以降低恐怖主义和其他安全威胁。

斯里兰卡。斯里兰卡如今是中国主导的海上丝路的一个基站。中国在该国有大规模基础设施工程——被视为该国启动发展和步入高收入社会的绝佳机会。

欧洲地处新丝路所有五条线路的最西端，欧盟理应受益。首先，中国与波兰、捷克等国新签署《双边贸易协定》，这些贸易走廊的加强为欧洲出口——如波兰的苹果、荷兰的牛肉和法国的葡萄酒——打开新目的地。

其次，欧洲东部地区、独联体、高加索的基础设施改善对欧洲的潜在好处不应被低估。"一带一路"还意味着大量资金会注入欧洲。东南欧国家也打算充分利用丝绸之路基础设施发展和投资。塞尔维亚、罗马尼亚等国夹在俄罗斯与欧盟之间，指望中国协助缓解其经济问题。

总之，欧亚各地的数十个国家，正为各自的经济挑战寻找相似的解决方案，合作比单干要好得多，这种不同国家目标的协同正是"新丝绸之路""双赢"的含义所在。

（外媒作者是韦德·谢波德。本文由陈俊安译。）

第五章　创新驱动中国

创新会使中国制造业更强。但中国制造业不会"一夜之间"变强，可能需要10到20年的时间。比如，日本花了30年，从1950年到1980年，才在几个产品领域成为世界强者。这个过程对中国来说可能会快一些，因为中国有很大的国内市场。

【美】埃德蒙·费尔普斯

中国有强大的企业家创新精神

大家并不能足够了解和理解"创新"这个话题。大学生、经济学研究生等得到的有关创新的历史或创新理念方面的教育是非常过时的,已经不适应这个时代了。至少在我写《大繁荣》的时候,很多人将"发明"这个词等同于"创新",而经济学家会区分这些概念。

实际上,"发明"只是一种创造。这种创造,长期积累下来可能会成为创新,也可能不会成为创新。因为对于"创新"来说,不论是新产品,还是推出产品的新方法或者做法,是能够使用的,所以它和"发明"的概念是不一样的。

这里有一个实质性的观点:对于创新,尤其是无所不在的创新,在1820年左右开始进入英美经济体,之后再进入法德经济体,这种创新是由商界推动的。商界有各种各样的想象力,会创造或推出一些新的产品和方法,所以商界的确有很大的创造性,他们可以创造新鲜的事物。这些观点和大学教授们所说的恰好相反,因为在大学里,人们学到的是"通过科学进行创新"。

奥地利经济学家约瑟夫·熊彼特认为"创新就是科学家的专利",只有科学家和航海家才能创新。他的第一本书提到,商界是没有创造力和想象力的。我的观点和他完全不同。

创业家是在不断寻找机会,如果有可能,就可以将这些机会转变成更好的一些商品或经济生产方式的一类人。对于企业家来说,创业家有比较宽阔的视野,眼观六路,寻找机会。

创新者则是另一类人群,他们比较狭隘地关注一个领域,在一件事情的深度上钻研。也许他们会有一些新的点子,找到一种新的生产方式,创造一些新的产品等。所以创新者并不一定是管理初创企业最合适的人选。创新者需要运营方帮他运营企业,因为这样的管理者需要具备各方面知识。

如果把中国、美国和欧洲放到一起比较,中国的企业家的确具有更强大的创业精神,从古代到近几个世纪以来一直是如此。在一位 18 世纪的爱尔兰经济学家的描述中,当时的上海每个街角都充斥着企业家,这里有意想不到的、惊奇的体验,每个地区有创新创业的脉搏在跳动。我觉得,中国人到现在为止还保持着非常好的创业精神。

对美国人来说,他们的管理层有很重的官僚主义色彩,同时他们的 CEO 更多关注短期既定的目标,而不是"眼观六路"地出去看一些机会。虽然他们也会谈到一些机会,但却并没有真正出去挖掘机会。

在欧洲,对欧盟来说也许有一些企业家,他们在创办企业时面临非常大的风险,由于法规的监管,使他们的创业成本非常高，风险也非常大。总的来说，从企业家、创业精神的角度来讲，中国优于美国，更大大优于欧盟。

现在，我就自身情况，来介绍一下中国的创新。当我成为新华都商学院院长后，我开始定期来中国。那时我也在思考一个问题，相比欧美人来说，到底中国人能不能成为好的创新者？当时，很多中国朋友都告诉我，这太困难了，在中国人的教育体系中，学校里的学生根本没有独立思维的能力。但我们现在已经看到，这些想法并不是真实的。现在在中国，有一些非常重要的创新正在如火如荼地开展。我有一支研究团队，专门研究欧美以及中国的创新速度。我们发现，美国在创新速度上的确是排在第一位，而中国已排在第二位。在 20 年以前，肯定不是这样一个状态。当时，英国、法国基本上排在第二位，但是现在他们已经落后了，中国排名进一步靠前。在创新方面，中国开始展现出非常好的成绩。

（埃德蒙·费尔普斯是 2006 年诺贝尔经济学奖获得者、新华都商学院院长、美国哥伦比亚大学社会与资本主义研究中心主任。）

第五章 创新驱动中国

【美】叶恩华
【澳大利亚】马科恩

创新驱动，中国的下一个战略优势

在欧美学者眼中，"创新驱动中国"已成为中国的下一个战略优势。美国麻省理工学院出版社2016年4月中旬出版了由中欧国际工商学院叶恩华、马科恩两位教授撰写的《China's Next Strategic Advantage: From Imitation to Innovation》（直译为《中国的下一个战略优势：从模仿到创新》）。据悉，该书中文版或将书名定为《创新驱动中国：中国的下一个战略优势》，并在2016年6月由中信出版集团出版。《环球时报》记者近日独家专访叶恩华和马科恩教授，听他们讲述对中国企业创新、"中国制造2025"的研究和观察。在他们看来，中国企业的创新势必将推动在华跨国企业的发展，让它们为面对更激烈的挑战而进行重心转移。

中国科研领域的投入已与欧洲看齐

环球时报：为什么您的新书强调创新是中国的下一个"战略优势"？

叶恩华：中国此前的战略优势是成本低廉的制造业，这给中国出口带来巨大的成功。但出口的主要是中低端产品和原始设备。其实这样的"中国制造"有贬义的意思。因此，若要产业升级和提高工业的附加值，中国就需要创新，需要销售高质量且更差异化的产品。中国知道要这样做，并且已开始这样做。这是中国政府过去几个五年计划的重点。

马科恩：工业发展的竞争优势应是技术或创新，而不是低廉的劳动成本。过去，中国的战略优势是低廉的劳动力成本和巨大的国内市场。这两个因素促使中国迅速发展，但现在只有这两项已经不够，创新成为中国政府的工作重心。在接下来的20年，中国希望成为德国那样的制造业强国，为达到目标，就需要更高的生产效率和更好的创新。

环球时报：中国制造业过去"大而不强"的原因是什么？

叶恩华：中国制造业以前没有创新，主要在复制，因此"大而不强"。创新会使中国制造业更强，但中国制造业不会"一夜之间"变强，可能需要10到20年的时间。比如，日本花了30年，从1950年到1980年，才在几个产品领域里成为世界强者。这个过程对中国来说可能会快一些，因为中国有很大的国内市场。

最近，最有意思的例子就是中国的民用飞机。中国公司已开始生产"中型喷气式客机"（中国已自主研制的C919大型客机——编者注）。中国国内市场巨大，政府可以要求国有航空公司购买中国自己生产的客机，这对中国来说是巨大优势，这是日本所没有的。

环球时报：对中国政府提出的"中国制造2025"总体规划

叶恩华

马科恩

有什么预期？

马科恩：我认为这是一个很有雄心的计划，方向是对的。这项计划需要大家齐心协力提高制造业的生产率。制造业对中国非常重要，因为中国人口众多，对基础设施建设和房地产的需求很高。现在，对消费者导向的产品和服务的需求也越来越高。所以，中国现在也希望向高附加值的制造业转变。"中国制造2025"提出提高制造业的生产率，就需要创新。中国还需要向自己以前未涉足过的领域进军，所以中国会更加注重高科技产品的研发和国内市场的开拓，比如医疗、保险和金融服务等领域。另外，对于创新的内部管理以及如何激励企业和个人创新也非常重要。我认为中国在这方面还需要提高。政府设立了技术园区、研发中心，并且帮助大学生提高科研能力，这些都很好。现在，中国在科研方面约投入 GDP 的 2%，相当于欧盟在科研方面的投入水平。除投资和建设新设施及科创中心外，中国还通过实际鼓励促进企业创业并争取成功，"中国制造 2025"需要在这方面投入更多。

环球时报：中国要实现制造业升级的阻力有哪些？

叶恩华：产业升级需要创新和附加值更高的产品。比如，海尔就在不断提高自己的产品质量，其他中国公司也在这么做。对中国来说，一个很好的方法是并购外国公司。吉利收购沃尔沃就是一个很好的例子。吉利在中国建了一个工厂来生产沃尔沃，我相信中国制造的沃尔沃质量和海外制造的差不多，这将是一个很有意思的测试案例。很快中国产的沃尔沃就会走向世界。对中国企业来说,快的办法就是收购外国公司,然后将它们的技术和制造工艺转移到中国,并利用中国的低成本来生产世界级的高质量产品。

产业升级还需要中国提高劳动者技能。我对中国的劳动者很有信心,因为他们愿意学习且勤勉刻苦。我认为中国有世界上最好的劳动力。比如,台湾企业富士康,它的客户都是西方公司,工人都是大陆的工人,没有任何一个客户抱怨富士康产品的质量。汽车是发展中国家最难模仿的产品之一。中国在高铁和飞机方面发展很好,因为像飞机这样的纯工业产品对中国来说可能更容易,但汽车既是工业产品,又是客户产品。

走向国际的中国公司正在逐步了解市场。在 B2B 领域,华为就很擅长理解客户需求。海尔也为美国市场研发了很多产品。同时,中国公司确实需要学习如何打造自己的品牌。在吉利收购沃尔沃之前,看到一辆吉利汽车,消费者可能很难辨识出吉利的风格,但收购之后,吉利了解了打造品牌和外观风格的重要性,比如,现在可以通过尾灯造型来确认一辆车就是沃尔沃。吉利正在向沃尔沃学习。所以,除了技术创新,在品牌塑造和品牌辨识方面,中国公司需要学习设计产品的用户界面和外观。西方公司很擅长这一点,比如美国苹果、日本索尼、韩国三星都是强大的国际品牌。中国公司需要在质量、技术、设计和对市场与广告的投资这四点上提高才能成为三星这样的品牌。

尝到创新甜头的私企多于国企

环球时报：为完成《中国的下一个战略优势》，你们调查了多少家中国企业？

叶恩华：我们调研了包括海尔、华为、阿里巴巴、鱼跃医疗等20多家企业。因为我们希望了解最好的公司，特别是在创新方面最前列的公司。在海外，海尔是最知名的制造消费产品公司，华为在工业产品方面最强。我们研究鱼跃医疗，是因为我们希望了解一个年轻公司是如何发展和创新的。

环球时报：在你们接触的中国企业家中，大家对创新的渴望程度有多高？哪些行业的中国企业已尝到创新的甜头？

马科恩：我们看到大部分国企在创新方面不如私营企业，但也有特例，有些国企在创新方面也很成功。中国企业家在国内市场叱咤风云，擅长理解客户需求并且为客户开发新产品。中国公司过去不太擅长打造国际品牌，在海外驰名的中国公司很少，所以现在他们希望在海外获得品牌声誉和技术。也有一些中小型企业擅长创新，如苏州有一家小企业在纳米粒子技术方面处于世界领先水平，大部分客户都是国际公司。除了华为、中兴、阿里巴巴等，还有一些中国企业因创新而驰名，如海尔，在开放式创新方面就做得很好。

叶恩华：已尝到创新甜头的行业主要是工程密集且有一定科技含量的行业。如医疗器械行业的迈瑞医疗和鱼跃医疗，电信设备行业的华为，以及中档工程制造业的海尔。中国有一家制造婴儿车的公司叫"好孩子",也很擅长创新,国际上的市场份额很大,虽然有一些婴儿车是为别的品牌生产的。但中国的生物科技、半导体设计、品牌医药、汽车和特种化学品行业仍很落后。

环球时报:提到品牌医药,中国百姓非常关注医疗领域的创新,如自产疗效好、价格低的医疗产品,在这个领域,中国相关企业该如何赶上?

马科恩:这并不容易,因为过去中国对研发的支持并没有集中在医疗行业。所以如果从专利和发表文章来看,中国公司在医疗方面的成就不如基础产业。但这必须改变,中国政府也意识到这一点,相信对医疗行业会有更多侧重,但这需要时间。

环球时报:您认为,当前中国高校的教育体系是否支持创新体系的升级?

叶恩华:中国高校的教育体系可以支持创新,但在我看来,要想创新,学生应该学会挑战权威,在课堂中说出自己的想法。教学中的等级制度会挫伤学生的质疑精神。中国政府也认可这一点。美国杜克大学有一个项目,专门帮助中国大学生,通过新颖的教学方法鼓励学生在课堂中质疑教授。

创新也使跨国企业向中企取经

环球时报:您认为,在未来几年,中国的互联网企业会取得哪些进步?

叶恩华：中国的互联网企业是在中文语境下发展的，由中国人使用，但我并没有看到太多中国的互联网企业（在海外）有很大的优势。目前，这些企业也没有海外扩张，不是吗？有可能阿里巴巴已海外扩张了。但是在海外，不会有中国的这些天然优势，比如低成本且高效的劳动力以及低成本的工程和科学。同时，如果你看日本和韩国，它们在服务行业也没有很成功，因为在服务行业，并不具备像在制造业和工程方面的优势。我认为互联网仍由"英语公司"主宰，比如像谷歌和亚马逊这样的美国公司。还很难看到中国的互联网公司像中国的制造业那样主宰世界。

环球时报：随着中企开启创新模式，是否在华外企也要进行战略调整或新的商业规划，如开设更多的研发中心？

马科恩：《中国的下一个战略优势》中有一章专门讲述跨国企业能从中国公司那里学到什么，比如怎么应对市场和客户。中国市场有很多特色，中国有很多年轻的消费者，愿意尝试新事物，消费模式很新颖，如果一个公司能满足这些中国消费者，也一定能在国际上取得成功。中国商业竞争非常激烈，中国企业也会进行国际扩张，外国企业在国际市场上会遇到它们。此外，外国公司可以学习中国公司的大胆试验和快速转变，中国公司很擅长这点，但有些跨国公司技术很先进却转变很慢。人才多样化也很重要，跨国公司在中国可以与各种人才打交道，培养国际领袖。

我们建议跨国公司不仅在中国运营，还应在中国设立知识型的研发中心。对跨国企业来说，这是一个趋势。跨国公司早期在中国的研发重点经历过帮助企业降低成本、提高效率的第一阶段，也经历过改良产品工艺、迎合中国消费者需求，把研发重心转向市场的第二阶段。现在是第三阶段，即知识储备阶段。跨国公司正在努力学习中国的创新生态系统，我们认为这是非常重要的一个阶段。

（叶恩华现为中欧国际工商学院中国创新研究中心战略学教授、联合主任、伦敦帝国学院商学院市场营销和战略学教授，《麻省理工斯隆管理评论》编辑顾问委员会成员；马科恩现为中欧国际工商学院国际商务学客座教授、牛津大学技术管理发展中心客座研究员。本文由杨澜采写。）

【美】杰里米·里夫金

第三次工业革命，世界看向中国

21世纪将产生一种新的经济体系，我们可以称之为协同共享经济。我们的经济会因此而更加繁荣。阿里巴巴公司就是一个很好的例子，因为它创造了一种协同共享型经济，数百万人可以因此以零边际成本来创造和分享娱乐内容、新闻、音乐和知识。

我们会逐渐看到一个协同共享经济模型的发展，到2050年，一个成熟的混合经济系统将最终形成，这个系统既包括资本主义市场经济，也包括协同共享经济。我们正在进入一个部分超越市场整体的世界。

如今，我们有了能够更高效地去管理经济活动的通信方式，有了能够更高效地启动经济活动的新型能源，也有了能够更高效地推动经济活动的新的运输方式。因此，当新的通信技术融合了新的能源技术和新的运输技术，会完全改变整个经济平台。

在零边际成本社会里，部分产业将实现免费化，一些人将成为"产消者"。如今，我们有超过20亿人至少当过一次产消者——他们不是卖家，不是买家，不是所有者，不是工人。他们制作并共享音乐、视频、新闻、知识、工具、电子书等。

中国国家电网最近斥资 820 亿美元用于在未来 4 年时间建立一个遍布全国的数字化能源互联网，成百上千万的中国居民可以在自己的社区里靠太阳能光伏或者风能来发电，并将电能出售给国家电网。由此带来的巨大改变意味着，在中国能源成本将趋近于零。

在第三次工业革命中，中国将扮演领袖角色，因为它正在建设这场即将到来的革命所需的多数基础设施。中国还拥有一个绝佳机遇，就是每个人都可能成为对社会福祉做出贡献的潜在创业者。

一项最近的全球调查显示，在各个国家和地区对协同共享经济的反映中，最好的是亚太地区，中国因其 94% 的受调查者表示他们希望拥有分享型经济而居于首位。这或许是个令人惊讶的结果，其实这种思想深植于中国人的文化基因中。几千年来，中国人民就善于分享他们的经济和福利。这是一种为彼此负责的儒家传统，使个人与社会达成和谐统一。

当然，中国能够带领世界向零边际成本社会迈进，同时也因为中国国家主席习近平提出的"一带一路"倡议，新丝绸之路经济带从上海延伸到柏林，将整个欧亚地区融入一个空间之内。这条高科技经济带要求各个社区推动复杂的通信技术和免费无线网络相结合，而后建立起数字能源互联网和无人驾驶的运输互联网。这样，零边际成本将覆盖整个欧亚地区。而且，中国拥有无尽的包括太阳能、风能、地热能、水能等在内的可再生能源。在第三次工业革命浪潮中,全世界都指望着中国。

(杰里米·里夫金是华盛顿特区经济趋势基金会主席,著有《零边际成本社会》。本文由王晓南采写。)

【美】丹·史坦巴克

没有中国货,"印度制造"是空口号

印度右翼组织"世界印度人理事会"近日在西孟加拉邦将中国制造的200件电子产品付之一炬。类似行动令印度国内对中国产品质量的质疑和恶意抹黑变得日益复杂。

今天的中国是印度最大的贸易伙伴。即便很多印度人把中国视为巴基斯坦的盟友,国内存在抵制中国货的声音,中国仍已在印度经济多个领域占据主导地位,中国的投资广受印度大小公司的欢迎。不过,中印间的官方贸易及投资合作时间毕竟相对较短,中国人担心潜在的贸易障碍,而印度人害怕中国的产能过剩会为倾销埋下伏笔。

无论如何,抵制中国商品都是错误时间的错误选择,在政治、经济和战略方面均不利于印度。以发展水平衡量,印度是10至15年前的中国,需要借助激进的现代化、工业扩张、基础设施投资和城市化帮助民众脱贫。在此目标下,物美价廉的中国产品能给消费者带来福利。印度经济腾飞的可能性早已存在,只有聚焦国内经济改革及和平的外部区域性关系才能实现这一目标。否则,印度将继续深陷国际贸易赤字泥潭。

改革开放之初，邓小平并未提出"中国制造"的口号。因为中国首先需要学习制造性价比高的产品。如今中国的制造业今非昔比,这表明口号不会提升竞争力,而生产力却会。2014年，莫迪政府提出"印度制造"计划，借此鼓励民族企业和跨国公司在印度生产商品。2015年，印度甚至超越中美成为外国直接投资首要目的地。即便如此，印度对中国的贸易赤字过去几年仍节节攀高,在2015年超过510亿美元。印度当然需要消除赤字，贸易保护主义无济于事，甚至会伤及"印度制造"计划。

中国商品在印度市场的崛起不是你输我赢的命题，它也可能意味着印度商品将来在中国市场大行其道。由于中国商品喜欢打低价牌，它们还要通过较高的性价比逐渐被人接受，这也是日本、韩国和中国台湾走过的路。每个案例都表明，循序渐进的经济开放会产生积极的变化，而不是制造新的障碍。

从政治角度看，抵制中国货会减缓中印双边关系的发展进程。过去几年，中国的跨国公司提出了广泛的国际化目标，对外投资超过对内投资。考虑到两国的区域位置关系，这是印度学习"中国制造"千载难逢的好机会。进一步说，中国的"一带一路"也能成为印度基础设施投资的催化剂。

从战略角度讲，抵制中国货会加深中国人的一种担忧，即印度贸易政策受制于美国的亚太政策。因为针对中国商品发起的贸易救济调查主要源自美印。

从20世纪80年代开始，中国借助国外投资和出口带动增长，从全球经济融合中受益匪浅，对渴求工业化和城市化的印度有重要启示。中印间任何的保护主义只会阻碍两国经济发展，让两国明里暗里的敌人坐收渔翁之利。

（丹·史坦巴克是美国ICA协会国家商业研究室主任、上海国际问题研究院客座研究员。本文由冯国川译。）

【印度】逸书

中印将同为 21 世纪制造业灯塔

中国仍是世界工厂，印度会是下一个？

作为经济增长的主要驱动力，中国的制造业在全球市场极具竞争力。事实上，中国被恰如其分地称作"世界工厂"。中国产品遍布各地，大多数产品标签都彰显"中国制造"的传奇。

一段时间以来，一些西方分析人士质疑中国是否将会丢掉"世界工厂"的地位？因为其他经济体所提供的廉价劳动力以及中国工资水平的上涨削弱了中国的竞争优势。然而，廉价劳动力只是让中国成为制造业中心的诸多因素之一。新兴经济体建成可以媲美中国的商业生态系统，需要的不仅是急切渴望。在未来一段时间内，中国依然会凭借其低生产成本、巨大的劳动力数量、庞大的人才储备和商业生态系统成为"世界工厂"。

"印度制造"是 2014 年 9 月印度总理莫迪推出的，最近一些人在讨论制造业是否会从中国迁往印度。西方媒体则将之比作"两个亚洲巨人之间的零和游戏"——龙象之战，并就"印度制造"是否将超越"中国制造"提出假设。

笔者认为，印度正在努力复制中国在制造业的成功，并为本国年轻人创造就业机会。世界银行的数据显示，印度经济与2001年的中国相似，主要是国内生产总值和出口数据。所有迹象都表明，印度正在沿着复制中国成功的道路前行。

未来数年内，人口因素将成为关键，印度的成功和中国的停滞均系于此。中国的劳动力人口在2015年连续三年出现减少，而印度的人口结构则非常有利，适龄劳动力人口将在未来10年内增加1.25亿人。印度的这一巨大劳动力储备将使其工资水平继续保持竞争优势，并为制造商规模经营提供空间。

"走出去"的中国制造商也注意到了这一事实，他们通过进入新的市场来构建自己的品牌和海外运营。他们表达了对于"印度制造"计划的兴趣。随着中国国内经济进入"新常态"，劳动力成本的提升，中国公司开始寄希望于印度来进行扩张。印度政府也希望，随着印度逐渐成为"世界工厂"，能有数百家中国公司成为印度工业的一部分。如今联想集团、富士康公司已宣布在印度开设工厂。

中国正在向中高端制造跃升

中国拥有30多年为西方市场制造产品的经验。在这么长的时间里，中国公司通过陡峭的学习曲线获得了知识基础，在生产廉价产品的同时，也开始制造中等和优质产品。随着中国进入中等收入国家行列，劳动力密集型的低成本产品制造，如衣服、鞋等，很容易转入其他国家，但中高端产品制造依然在中国。其他新兴制造业国家需要很长时间才能追赶上中国工厂在高附加值产品领域的制造能力。

现代工业生产并不能独立完成，而是要依靠供应商、零配件制造商、批发商、政府机构和消费者网络的竞争与合作，并全都参与到生产过程中。中国的商业生态环境在过去30年取得很大的发展。例如，毗邻香港的深圳已经成为电子工业中心。它已经培育出能够为制造业供应链提供支持的生态系统，包括零配件制造商、廉价劳动力、技术工人、装配线供应商和消费者。这些生态系统如此重要，以至于在其他地方生产变得不可行。中国有许多类似的制造生态系统。

并不常被人提起的一点是，将产品从工厂运输到港口的物流。在过去30年中，中国建立了庞大的基础设施，能够有效地运送大量生产出来的产品。通过其漫长的海岸线、河流三角洲和大量天然深海港口，中国能够处理大量产品，而这在其他任何国家看起来都是不可能完成的。事实上，全球最繁忙的深海港口有7座位于中国。

在印度提出"印度制造"的同时，中国政府也掀起一场"中国制造"行动，通过一系列减税举措，努力保持其制造业实力。根据中央政府的决定，中国将鼓励高科技进口和研发，为"中国制造"升级换代。这些措施不仅将开启一轮新的创新，而且还将刺激固定资产投资，并在宏观层面稳定全球经济增长。

因此，中国和印度将一同崛起为21世纪的制造业灯塔，中国聚焦于高科技、高附加值制造业，而印度政府的重点则放在劳动密集型的高容量制造业。

中国公司驱动着"印度制造"

应努力将"印度制造"与"中国制造"战略连接在一起。印中关系的关键词是"发展"，这是我们两国合作的关键因素。印度从中国进口的产品多为推动印度工业化的资本货物，零售商在双边贸易中只占一小部分。中国进口并没有扼杀印度制造业，反而带来了互补作用，增加了印度出口，为印度出口商的需求提供有益的补充。

印度最具全球竞争力的出口是信息技术和业务流程外包、医药制造，以及多种高附加值产业，如风力涡轮机和汽车零配件。信息技术和业务流程外包公司需要可靠的电信网络，无缝传输大量数据给远距离客户。中国提供了大量设备，中国供应商占印度电信设备进口量的60%。

中国电信设备制造商并不是在与印度的制造商竞争，反而清除了此前存在的因求大于供而导致第一世界电信设备供应商市场力量过于强大的现象。其结果便是，印度的成本得以降低，升级换代得以加速。

在另外一个高附加值产业，印度制药厂从中国购买了大多数制药原料。印度制造商从中国购买的原材料被用于生产高附加值出口品，为印度赚取了150亿美元的出口收入。

因此,在评估印度出口商的需求之后,来自中国的进口有利于印度的竞争优势,正是这些公司驱动着"印度制造"。

(逸书是"投资印度"公司中国和东南亚区负责人。本文由王晓雄译。)

【美】弗兰克·纽曼和丹·纽曼

中国能靠外汇干预保持人民币稳定

当中国开始扩大人民币的全球影响力时,决策者们迅速抓住了人民币汇率相对稳定的益处。现在的问题是,中国政府可能会采取什么举措来稳定人民币汇率。

中国已采取多种办法来稳定人民币汇率。在未来一段时间内,随着市场逐渐适应人民币不断扩大的影响力,对于这些举措的需求仍会继续。随着相当一部分外汇资产由中国企业和投资者持有,中国应该采取措施,管理并限制资本大量外流。只要中国政府允许一部分人民币在国际上自由流动,人民币就必须积极地在外汇市场进行交易。跟其他国家一样,这些交易将会导致汇率的高度动荡和快速变化。

一国政府对汇率市场的干预时有发生,日本、新加坡、瑞士和新西兰都曾采取过此类措施。美国政府曾数次干预汇率市场,尤其是在20世纪80年代和90年代。因此,中国政府干预外汇市场的行为无可指摘。

外汇市场上的投机者会紧盯市场中的不平衡处,并试图从中牟利;他们会预测市场走向,并相应下注。投机者的交易额极大,以至于其行为会影响决策者和经济学家。外汇交易量通常是实际产品与服务交易量的数倍。如果想对市场进行有效的干预,就要求管理者对投机者的操作和交易工具有很好的了解。

笔者在担任克林顿政府的财政部副部长时,曾对如何管控外汇市场有一定的经验。当市场令美元贬值时,美国政府干预行动的目的是尽可能地令投机者惊慌,让那些做空美元的人遭受损失,向市场发出清晰的信号:做空美元的人将面临很大风险。因为投机者永远不知道压倒性的干预措施何时会令他们损失惨重。

在美国,财政部主导市场干预,美联储协助,纽约联邦储备银行具体执行。财政部和美联储拥有一大批非常熟悉外汇市场的人才。干预行动的关键因素在于国际合作。美国财政部和美联储与其他国家的财政部和央行合作,同时买入美元。如此一来,投机者便会面对来自多个方向令美元走强的压倒性市场行动。参与国通常没有正式协议,但各自都明白,如果有一天它们要求美国参与类似行动支撑本国货币,美国也将认真考虑它们的请求。

经过此类干预行动后,投机者通常会观望一段时间,看干预行动是否已结束,然后继续做空美元。美国则会再一次抓住机会,通过国际合作买进美元的方式令市场再吃一惊,给那些做空美元的投机者以惨痛打击。一般来说,在经过两三个回合之后,大多数交易者便会得出结论:做空美元风险太大。于是,美元汇率重回稳定,波动幅度有限。有时,在数周或数月之后,投机者会掀起新一轮的做空美元行动,而美国政府则会再一次强力干预市场。这一过程通常进行得很顺利,美元大多能避免巨幅贬值和波动。

现在,人民币的交易日趋活跃,中国政府手中有一系列工具能够减少人民币汇率的破坏性波动,把人民币汇率保持在其认可的合理范围之内。中国已经开始利用其中的一些工具,而且还有许多可供使用的工具。历史经验表明,许多国家多年来都曾成功实施类似的举措。

(弗兰克·纽曼是美国财政部前副部长、鹏睿金融集团大中华区主席;丹·纽曼是美国经济学者。)

【英】舍恩伯格

开发大数据，中国优势明显

牛津大学互联网研究学院教授维克托·迈尔－舍恩伯格被誉为"大数据之父"，他是最早洞见大数据时代发展趋势的学者之一。2013年，他和另一名英国学者合著的《大数据时代》一书出版，被认为是国外大数据系统研究的先河之作。在已经结束的贵阳大数据峰会上，《环球时报》记者对他进行了专访。

环球时报：与您3年前提出大数据相比，如今它的运用处在怎样的阶段？中国的潜力如何？

舍恩伯格：人类希望探察万物间的关系，并明了其中的道理，这是由人类的求知欲驱使的。但很多时候，我们自以为明了的事情，其实理解的程度并不深。大数据会帮助我们突破人类理解的局限性，并且在弄明白"为什么"之前，先弄明白"是什么"。

3年前，我在书中谈到，社会的每一部分、每个人都会被大数据影响。如今，大数据已从传统的营销或电子商务延伸至更宽广的领域，比如移动电话、无人驾驶、智能医疗、在线教育等。在这些领域，将看到更多大数据带来的变化，这些变化会使我们的生活更美好。

在大数据应用方面,通常分为三个步骤:第一步,搜集数据;第二步,分析数据;第三步,根据数据分析结果做出决策。其中,第二步是比较困难的,但我们在这方面已经取得了一些进展,这主要得益于数据方面的人才。但目前,非常困难的还是搜集数据这一步,在这方面,中国具有明显优势。

环球时报:一些专家认为,当前所有国家都处在大数据开发的起步阶段,这是不是意味着中国仍有很大的机会?

舍恩伯格:虽然中国在大数据应用方面和美国有一些差距,但能明显感觉到,中国和部分西方国家,比如欧洲国家或者加拿大、澳大利亚相比,已经做得很好了。总体看来,现在世界各国在探索大数据方面都还处于比较早期的阶段,所以这对于中国而言,也是一个非常好的机会。

中国的优势在于数据的体量。一些国家,比如卢森堡,虽然那里有非常好的数据工程师,但无法搜集到大量的数据,(所以)也是没有办法成功的。一旦中国决定非常系统地去搜集数据,无论是用电量,还是环境监测,或是交通,一夜之间,它是完全有可能变为这些领域的领先者的。

环球时报:那么,关于第二步分析数据的能力呢?

舍恩伯格:我对中国分析数据的能力充满信心。我看到,这里有很多非常优秀的数据工程师,同时学校也在积极培养这个领域的人才。但是,我仍然对中国的公司在数据搜集方面有一些担忧。在中国,一些公司成长的速度非常快,但它们过于关注自身成长,并没有投入搜集数据的基础设施建设当中。

环球时报:在中国,政府控制着80%的数据,剩下的多由"BAT"这样的大公司拥有,它们未必愿意对外分享数据资源。您对此有何看法?

舍恩伯格:我认为可以看看美国的同类型企业,比如脸书和推特以及谷歌和亚马逊等是怎么做的。它们当然不会将数据资源分享给它们的竞争对手,但它们会分享给一些创业企业或者其他领域的公司。

我非常确信的是,百度当然不会将数据分享给阿里巴巴,但百度或许会将数据分享给海尔;又或者阿里巴巴会将数据分享给中国东方航空公司或者国航。这并不是一个"分享"或者"不分享"之间的单项选择题。这种思维方式是中国公司需要去学习的。

另外,在大数据峰会开幕式上,李克强总理谈到如今政府仍然掌握着80%的数据,除国家安全、商业机密以及个人隐私外都应该向公众开放。毋庸置疑,这是非常正确的方向。我甚至希望有一些西方国家领导人也能这样开放。随着数据和信息不断开放,中国社会也会不断向前发展。

(维克托·迈尔-舍恩伯格是牛津大学互联网研究学院教授,有"大数据之父"之称。本文由陈青青采写。)

【英】苏荣琛

33年前，我们就看好中国

从北京开车到张家口要3小时，一路上山色秀美，窗外不时掠过的正在修建的高铁桥墩、成片的大风车、滑雪胜地的宣传牌，似乎预示着这座"塞外山城"的未来。为2022年冬奥会摩拳擦掌的不只是这座城市的管理者。在这座安静小城的市中心，一家全新的酒店悄然落成。作为第一家入驻张家口的国际高端酒店，它试图向即将到来的世界游客展示其独特的品位和对本土文化的理解：大堂中央，唯美的山楂树雕像代替了迎客松；清雅的品茶室取代时尚酒吧；酒店前台的背景墙设计成"城关"样式；连餐厅也增加了豪迈的烤羊排。这是洲际酒店集团大中华区第300家酒店，名为张家口容辰华邑酒店。经过30多年历练，这家最早进入中国市场、总部位于英国的国际酒店集团已深谙在华经营之道。在新酒店4月底举行的开业庆典上，该集团全球首席执行官苏荣琛现身并接受《环球时报》记者专访，阐释他对中国市场及酒店业的理解。

每年将推出3万个就业岗位

环球时报：2022年冬奥会将给张家口带来怎样的发展机遇？洲际酒店计划如何分享这一红利，并反哺该市场？

苏荣琛：选择市场的眼光一直是我们引以为豪的。我们与奥运会有着不解之缘。2008年，我们就是唯一一家在北京奥运村和青岛奥运水上运动中心区域内拥有豪华酒店的国际酒店集团。2012年伦敦奥运会期间，我们旗下的假日酒店及度假村成为官方住宿提供商。2022年冬奥会这样大的全球盛事在张家口举办，对于酒店业是非常大的发展机遇。在2022年之前，张家口将迎来旅游增长机会。听说高铁开通后，从北京到张家口只需43分钟，这里的自然资源非常丰富，很多北京居民会在周末、节假日到张家口旅游观光。

这家华邑酒店的开业不仅为冬奥会接待提供住宿、会议及餐饮服务，为提升该市及周边区域的酒店服务质量做出贡献，还将为张家口创造几百个就业岗位。中国相关数据显示，2016年，旅游业及相关产业的从业人数占中国就业总人数的10%以上。洲际酒店集团是在华国际酒店业中最大的雇主之一，遍布中国130多个城市的300家酒店及支持中心共有6.5万名员工，在建酒店240余家。我们今后每年将推出3万个就业岗位，其中1/3面向大专院校毕业生。我们不是简单的招聘即止，还为员工提供各项技能、管理能力培训以及良好的职业发展平台。2006年，我们在上海启动了首家洲际酒店集团英才培养学院，每年为酒

洲际酒店集团前全球CEO 苏荣琛

店业培训数以千计训练有素的毕业生。这不仅会使公司受益，还对整个酒店行业及中国市场具有积极作用。

环球时报：20世纪80年代，很多外资对中国市场处于观望状态，为什么洲际酒店集团在1984年就大胆进入中国？作为外资品牌，您如何看中国市场未来的发展潜力及投资环境？

苏荣琛：1984年，假日酒店品牌的创始人Kemmons Wilson（凯蒙斯·威尔逊）做出了这样一个决定：把酒店开到中国去。他是非常有远见的商人，相信中国有强大的发展潜力。事实证明，他是对的。中国经济增长特别是消费能力的增长令人惊叹。中国消费者非常精明，可以不断接受新品牌、新事物。从北京的第一家假日酒店到第100家酒店开业，我们历经24年；从第101家到第200家，只用了5年；从201家到第300家酒店开业，只间隔4年。前段时间，希尔顿集团宣布他们在中国的第100家酒店开业，但我们宣布在大中华区的第300家酒店开业。可见，我们肯定是开火车的那个人，引领并推动了整个中国酒店业的行业潮流。其实我们进入印度市场比中国还早，但印度的酒店业却发展缓慢。在中国，因为我们选择了非常好的合作伙伴才有今天的成就。

我们在全球100多个国家都有酒店，其中有10个国家是高速增长的，贡献了全球75%的业务增长，中国就是其中之一。我们全球最大的市场是美国，在那里有超过60%的业务。中国是我们目前全球第二大市场，也是发展最快的。据中国旅游协会预测，到2025年，中国酒店业规模将超越美国成为世界第一大市场。我对此很有信心。首先，中国经济的增长比绝大多数国家要快，中国政府对各地基础设施的投入将继续加大，"十三五"规划中，旅游业依然被定为战略性支柱产业，这对于酒店来说肯定起到非常好的促进作用。其次，中国中产阶层的崛起、人民可支配收入的提高，使中国消费者对酒店业和旅游业的需求不断增长。增长不仅来自中国国内市场，还有中国游客强劲的出境游需求。这些都是构成中国市场充分发展的前提，也是吸引我们在中国继续长期投资的非常重要的考量因素。

中企收购海外高端酒店是不错的投资方向

环球时报：Airbnb等共享经济新型酒店业态、中国本土酒店品牌将对传统酒店业产生什么影响？

苏荣琛：我们不仅和同类的国际酒店品牌竞争，对手也包括几乎所有提供床位的供应商，比如邮轮、长租型客房、共享经济房间等共同存在于整个住宿业的业态。在所有这些业态中，酒店是最大也是发展最快的业态。相对来说，大的国际酒店公司非常注重安全性，还会履行提供就业机会、对政府应有的纳税义务等。其实，不管是美国还是中国，政府对这些共享经济企业都制定了严格的规范和行业准则，以确保它们合法合规经营。中国有些本土企业经营着非常好的酒店品牌，发展很快。竞争会对促进市场有推动作用。当然，我们肯定是走在整个行业的前端，我们也希望和中国的一些竞争对手共同发展。

环球时报：最近几年，中国企业争相在海外收购高端酒店，这一趋势意味着什么？

苏荣琛：房地产永远是一个比较好的投资方向。不论是地价的增长，房价的增长，都有很好的回报。因为地是有限的，不可能再增加。如果当地房地产市场具有吸引力，投资商都会去收购一些优良资产。经营良好的酒店品牌，利润率也会不断增加。因此，对于投资商来说，收购好的酒店品牌会有很高的投资回报。洲际酒店集团是一家品牌经营公司，除了拥有少数酒店物业外，我们在全球绝大部分酒店是以管理或特许经营的轻资产模式运营的，集团旗下的一些品牌对开发商来说非常有吸引力。最近绿地集团在洛杉矶的英迪格酒店开业，这是我们的中国业主在海外开业的第一家酒店。

政治观点在任何酒店都是不应该存在的

环球时报：作为总部位于英国的酒店集团，您如何看英国"脱欧"对该国酒店业及其他行业的影响？

苏荣琛：我并不知道这个答案，因为"脱欧"还没有开始，大家都很难预见"脱欧"以后会产生的效益或影响。总的来讲，我们还是非常有信心的，英镑贬值对英国的旅游业和消费都是非常大的促进，也会吸引更多中国游客。这对英国市场是非常好的。值得一提的是，我们在英国的业务只占全球业务的5%，是否"脱欧"对我们全球的业务影响非常小。

环球时报：前段时间，日本APA酒店被爆客房中放置大量右翼书籍，书中否认南京大屠杀和韩国慰安妇的存在。此举遭到中国和韩国游客的强烈抗议。作为全球酒店业的领军人物，您对这一做法持什么观点？

苏荣琛：这件事我没听说过，不便发表评论。不过，不管存在什么问题，首先，政治观点在任何酒店是不应该存在的，酒店不应持有政治观点去影响客人的体验。各个国家和地区的政治、文化都有所不同，酒店业应该持中立的立场。其次，为客人提供最好的服务是酒店经营的主旨，把品牌理念和当地客人的需求及文化习俗有效结合起来，是酒店业应该具有的基本素质和能力。作为一家国际酒店管理公司，我们不会持有任何政治观点，也不会去做和政治有关的任何宣传。我们的华邑酒店和度假村专门为中国消费者打造，有机结合了国际公司和中国文化的一些传统，成为国际高端酒店品牌，就是一个很好的例子。

环球时报：在您看来，酒店的本质和真谛是什么？

苏荣琛：没有酒店，人们出行就没有落脚点。任何人选择酒店的第一个条件是干净，第二个条件是干净，第三个条件还是干净。此外，酒店的安全性、地理位置也非常重要。一些酒店品牌非常注重标志性的大楼、漂亮的硬件设施，但如果服务很差，客人也不会愿意住在那里。对于我们来说，酒店的真谛不仅仅是硬件设施，更是为客人提供体验，这才是最根本的。

（苏荣琛曾是洲际酒店集团全球首席执行官。本文由张妮采写。）

外媒怎么看

渣打 CEO：现在不是卖空中国的时候

泰国《民族报》2016 年 6 月 20 日文章，原题：现在不是卖空中国的时候。

现在，许多人担心中国经济增长放缓，担心中国是否有能力从以制造业为主的管制经济向更加依赖内需、更开放的经济转型。风险的确存在，而且也不少，但它们是可控的，中国政策制定者对此也相当清楚。现在不是卖空中国的时候。

从现在至 2020 年，中国政府决心实现在此期间每年平均 6.5% 的增长目标，并且有手段实现该目标。我们预计中国会增加对地区发展的投资，支持更高价值产品的生产并改善基础设施；政府还计划减少经商成本。这将缓和经济演变必然产生的社会和经济混乱。从近来的官方数字和我们银行的实际经历来看，此类措施奏效了，为更平衡的经济打下基础。

在西方许多人看来，中国是一个以出口为主的国家，烟囱林立，工厂众多。实际上，中国经济的再平衡业已开始。充满活力和创新的服务业，如今占到经济总量的一半以上，并仍在高速增长。这是发生在我们眼前的新旧经济的转变，且规模庞大。

另外，中国经济再平衡依赖于政府关闭僵尸制造企业，在当前的经济环境里它们已成累赘。这是个需要谨慎地破旧立新的过程，将历时多年，数以百万计的工人将不得不转到新的地方工作或改行，因而会引发波动。

中国政府要实现转型，又不能引发社会动荡，这是个棘手的任务。但中国政府有能力做到。中国是一个较多中央计划的经济体，许多领域由国家控制，因此或许能比20世纪七八十年代的美国和欧洲更好地驾驭这个进程。

中国的短期挑战非同小可，转型之路应该不会平坦。但对于那些愿意长期投资的人来说，最终目标仍是诱人的。

（比尔·温特斯是渣打集团首席执行官。本文由乔恒译。）

摩根高管：摒弃对中国并购的偏执

美国《华尔街日报》网站2016年6月26日文章，原题：并购和怀疑：中国在美国。

任何阅读金融信息的人都知道，与中国买家有关的并购案越来越常见。数据显示，2014年4月至2015年4月，中国达成28项成交额在10亿美元以上的对外投资，而2005年此类投资仅为2项。

但在某些领域，美国对中国动机的怀疑仍徘徊不去，目光短浅地紧盯占比很小的失败交易（8.5%）不放。明智的做法是摒弃这种偏执观念，从它们的成功投资、作为竞争者以及外国所有者的行为等方面来评判中国买家。

中国的管理者们并非受驱于政府支持的对西方战略资产发动的险恶攻击。他们只是希望到国外扩张业务，因为随着全球经济放缓，越来越难实现自然增长。中国经济曾经搜寻自然资源以推动出口驱动型的制造业，如今中国企业渴望获得高价值品牌，以迎合国内日益成熟的消费者。

中国相对较短的国际并购经验不应引发这些买家别有用心的恐慌。每当外国公司收购一家国内企业时，外国在美投资委员会和其他类似机构都会评估对国家安全的影响。事实证明，这些措施可有效拦截或阻止认为有问题的收购行为。中国企业从中可获得至关重要的经验。在重大交易中，中国化工、海航和大连万达等经验丰富的企业都已成为公认的正当合法收购方。认为中国买家千篇一律的说法也是错误的：在这些企业中，既有国内私募企业亦有 A 股上市公司。

与西方企业相比，中国企业往往从更长期限内评估收购回报率，这使其成为颇具吸引力的竞购者。就并购意向而言，文化融合亦至关重要，而中国人已显示出他们对所购企业资深员工和专业技能的重视。最近多起交易都展现出中国买家愿意保留被收购企业高管层的更广泛趋势。

当发达市场的公司和股东发现自身成为中国收购的目标时，

它们需要保持开放的心态。鉴于中国企业通常着眼于更长期的投资，因此能支付更高的价钱，它们的报价可能就是被摆到桌面上的最佳选择。

（赫尔南·克里斯特纳是摩根大通全球并购业务联席主管。本文由王会聪译。）

澳首任驻华大使：我们活在"中国世界"

澳大利亚《悉尼先驱晨报》2017年3月16日文章，原题：澳大利亚有必要郑重反思我们对待盟友的方式。

1973年4月，我前往北京，怀揣着一份如今已成为历史性文件的信函。这份8页的信函是时任总理高夫·惠特拉姆交给我的，而我当时是驻华大使。信函讲到了澳发展对华关系的构想，以及我们的长远目标。

这份历史性文件的主旨仍然切中如今的现实。高夫写道："我们寻求在友好、合作和互信的基础上发展与中国的关系，与我们已经拥有或寻求与其他大国（暗指美国、英国以及日本）发展关系相当的那种关系。"它意味着在政府和社会方面相当熟悉，差不多亲密、亲近和信任，以及施加影响的潜力。在高夫看来，还有能够维护我们自己的利益，以及能够说"不"。但澳大利亚从未与中国发展出这种"相当的"关系。现在，我们比历史上任何时候，都更需要对华关系"与我们已经拥有或寻求与其他大国发展的那种关系相当"。为什么？因为我们如今活在一个"中国世界"。但我们的对华关系与此不相匹配。

在亚洲，我们开始迈入一个新的时代，它或许可被称为"中国时代"。这个事实不仅涉及中国的财富和权力，还会影响中国的政治和社会，不仅仅是经济层面的。中国融资、修建和获得基础设施的影响；中国游客、商人、学生和移民的影响；庞大的资金外流的影响；中国人带来的文化，包括商业文化的影响；中国国家主导的活动及其寻求重新激发华人的中国意识，对我们国内社会的影响。

现在，这种影响大多数是友善的，是对我们有益和受欢迎的。澳大利亚政界似乎对此没有做好准备。他们往往拒绝承认中国的影响力。现在，我们必须甩掉依赖美国的精神包袱，这样我们才能看清楚中国，从我们的国家利益角度理解中国，按照我们的条件与之打交道。现在是我们而非美国活在"中国世界"里，是我们不得不设法应对其带来的冲击。

（外媒作者是史蒂芬·菲兹杰拉德。本文由乔恒译。）

第六章　世界需要中国

古老的中国对世界历史的影响源远流长，塑造了重要的人类文明和文化；中国人民的聪明才智以及对知识的尊重推动了科学和技术的进步。中国有着悠久的历史，如今它对世界格局与稳定的重要性史无前例。中国是世界经济的引擎，其领导力对国际社会努力克服经济衰退、信心不足和沮丧至关重要。

【哈】叶尔兰·伊德里索夫

中国对世界的重要性史无前例

古老的中国对世界历史的影响源远流长,塑造了人类文明和文化;中国人民的聪明才智以及对知识的尊重推动了科学和技术的进步。

中国有着悠久的历史,但如今它对世界格局与稳定的重要性史无前例。中国是世界经济的引擎,其领导力对国际社会努力克服经济衰退、信心不足和沮丧至关重要。没有大胆协作的行动,脆弱的全球经济将面临崩盘的风险。在如此充满挑战的时刻,中国主办由决定未来繁荣的大型经济体共同参与的G20会议,意义无须多言。

正如中国所认识到的那样,有越来越多的地区和声音参与到国际治理决策的活动中去,就越有希望达成更正确的决定。这也解释了中国国家主席习近平为何邀请哈萨克斯坦总统纳扎尔巴耶夫参会的原因。

这份私人邀请凸显了中国努力让论坛达成一系列决议,大踏步向峰会主旨靠拢的决心,即构建创新、活力、联动、包容的世界经济。它同时也强调了中亚对全球经济日益增长的重要性。

这份邀请也强有力地表明了两国关系的发展。中哈两国人民的交流可追溯到两千年前，我们的土地是古代丝绸之路的一个重要部分。两国关系在近几年已经发展到了一个新高度。

中国目前是哈萨克斯坦最大的投资国。反过来，我们国家丰富的能源也有利于中国经济的加速发展。更重要的是，两国共同努力扫清了许多全球发展面临的大障碍。没有什么障碍比阻碍自由贸易危害更大，因此促进贸易和投资是峰会首要的议题之一。中哈两国正努力将这一目标转为现实。通过积极参与中国的"一带一路"战略构想，我们正改变交通网络，给传统丝绸之路增添活力。

哈萨克斯坦作为世界最大的内陆国家，处于亚欧、中东及非洲的十字路口。借助与中国的友好关系以及自身的地理优势，我们重新定义了作为各大洲桥梁的地位，并利用建立的联系繁荣全球贸易。我们实际上将一直被视为劣势的地理条件转变为世界经济所需的优势。我们国家新建的道路将中国货物海运至欧洲的时间缩短了一半，而通往波斯湾的新铁路也使得中东贸易更加快捷。

不过，若想快速启动全球增长，鼓励自由贸易，仅仅移除地理上的障碍还不够。在 G20 的引领下，我们还要扭转全世界贸易保护主义加剧的趋势。哈萨克斯坦非常荣幸地看到中国将鼓励包容的世界经济作为优先考虑的事情。发达国家与发展中国家的贫富鸿沟正在扩大，这不仅是全球增长的障碍，也会滋生沮丧、愤怒和政治不稳定因素，并催生极端主义暴力行为。

缩小差距需要我们共同努力促进可持续的、包容性的增长。"一带一路"正通过鼓励中亚地区工业发展来实现这一愿景。这一地区正好是恐怖主义开始抬头的地方。哈萨克斯坦在不同背景和宗教信仰的人群基础上形成了稳定、和谐和包容的社会，但我们并不自满。我们知道，任何一个国家，无论如何稳定，都不能对边境恐怖主义免疫。以包容的行动支持经济增长，帮助人民脱贫，我们可以减少极端分子的诉求。这也是 G20 峰会以及中国的带头作用至关重要的另一个原因。

我们自豪于和中国建立如此强健的经济、外交和安全关系，我们期望深化这些联系，在 G20 峰会及其他场合，与中国共同塑造一个更加稳定、和平与繁荣的世界。

（叶尔兰·伊德里索夫是哈萨克斯坦外交部长。本文由冯国川译。）

【美】法兰克·N. 纽曼

中国经济仍能保持强劲增长

许多西方评论员认为,中国经济面临持续增长放缓。然而,中国并非西方大国。"新常态"或许不能达到每年10%的经济增长率,但有充分理由相信,中国经济能够在未来多年内保持强劲增长。

国内生产总值(GDP)增长需要供需同步增长。中国在这两方面的增长以及两者之间的合理平衡上都做得十分出色。

供　给

国内生产总值等于劳动力人数乘以每名工人的平均产量。如果生产率和劳动力同时强劲增长,只要需求赶得上供应即可,国内生产总值也能且一定会保持强劲增长。

中国一直在通过维持低失业率来发展整体就业群体,这部分上是通过支撑总需求,将数以百万计失业或未充分就业人口从农村地区转移到城市从事生产性工作等实现的。在美国,农业人口占总人口比例现已下降至19%。在中国,这一比例依然在45%，城市就业人口年均增长率为3%。尽管人口正在老龄化，中国依然有巨大的潜力来增加有效的就业人口。

从长期来看，中国的生产率增速将维持在2%至3%，这一增速对于发达国家来说是良性的。但近年来，中国的生产率增速一直维持在7%左右，一些根本因素将使得这一增速得以继续。

在中国，GDP增长同样意味着人均GDP的增长。中国的人均GDP仅为美国的20%。如果美国的生产率年均增速达到2%，那么，即使中国在未来25年内维持年均8%的增速也无法完全弥合这一差距。未来多年内，已经证明其高效增长能力的中国能够且应该达到远超西方国家的生产率增速。

通过创新以及商品和服务生产过程中的有效管理，生产效率能够得到提升。它也会受到科技、设备、基础设施、教育培训等领域的经济投资以及平衡监管的影响。

充满朝气且富有竞争力的私营企业是上述因素最有效的推动者。而政府的最大价值在于为私营企业提供支持，保证其高效运转。如建立一个公平、可靠以及透明的法律体系，遏制腐败，维护安全与和睦，促进专项研究，扫除阻挠创新的障碍，改善教育以及提供基础设施等。

中国在基础设施建设领域取得了极大的成就，由此支持运输和生产的高效率运转，实现成绩斐然的经济增长。但其所花费的时间却相对较短，因此还可以做得更多。中国人均基础设施的占有量远低于美国。未来几轮基础设施建设可能将覆盖诸多重要项目，包括清洁水供应、环境改善、城市交通、教育和卫生保健设施等。

中国正在采取一系列措施，提高融资分配给最具有生产率的生产活动的能力。此外，改善信贷政策和贷款程序以及培育更加成熟的资本市场也将带来诸多益处。

其他的重要改革项目也应该会提高效率，包括减少腐败，改善司法体系、教育和医疗卫生等。

需　求

生产率增长固然十分重要，但对于一个经济体来说，有足够的需求来消化增长量也不容忽视。与生产能力相比，需求量在经济发展中可能长期处于过低的水平，政府应适当介入以填补需求的不足。

货币政策将有助于私营企业需求。中国有极其丰富的手段来促进信贷总量，包括放宽存贷比率的刚性限制和对单家银行贷款增长率的行政限制。但更加直接的消费形式，尤其是来自经济投资的消费是十分必要的。中央政府可以直接和间接地启动并资助基础设施投资，进而提供持续增长的需求和就业，并改善未来的生产能力。中国已经成功地通过一系列经济投资项目为总需求量提供了补充。

一些评论人士认为，对生活质量的日益重视将导致 GDP 增速下降，但很多重要目标都与 GDP 增长率存在千丝万缕的联系。地方政府在力求实现 GDP 增长目标的同时，也可以兼顾减少污染的目标。对环境保护重视不等同于降低 GDP 增长率，这一观点在诺贝尔奖得主迈克尔·斯宾塞新近发表的《新环境下的经济增长》一文中得到了很好的论证。

增加工人税后收入以及改善退休和医疗计划的项目也应该会促使消费者领域出现显而易见的增长。

在美国、中国和其他拥有本国货币和央行的发达经济体，中央政府通常能够直接或间接地为基础设施项目提供资助。然而，除了中国之外，很少有国家对实际消费需求与充分就业需求之间的鸿沟给予足够的支持。

投资收益

外界经常担心，中国的一些投资项目效率不高或不成功，这是真实的，但却被夸大了。在任何一个经济体，包括在私营经济领域内，存在瑕疵都是自然的。中国注重做出更好的投资决策，包括更好地利用市场力量，应该有助于改善总体成效。

对于已经失败的投资，付出的经济成本已经发生。问题是由谁来为这些财务损失买单，以及如何买单。中国有多种手段来处理这些问题，并且对金融体系不会造成重大影响。即便一些项目并不明智，投资同样能够给经济带来显著益处。在美国，需求一直低于产能，致使数百万人失业。这是资源的真正浪费，这些资源本应该被利用起来并产生效果。虽然在 2009 年至 2010 年，中国一些大型项目中存在资源错误分配的问题，但中国的失业率更低，基础设施更好，而美国的基础设施质量则不断恶化。

这并不是鼓励不经过深思熟虑和平衡利弊就轻率地进行投资或投资不好的项目，而恰恰在于鼓励明智投资基础设施建设。中国很多的改革方案都旨在改善决策过程，从而加快生产率增长，实现实际 GDP 增加以及改善国民实际生活质量。

金融体系

除了旨在改善一国经济资源配置的改革之外，金融体系中的其他两个方面也至关重要：支持投资和构建需求的能力，限制金融危机破坏经济活动的能力。

许多国家都对大规模经济投资项目心存担忧，原因在于对本国政府财政的错误理解。笔者《摆脱国民债务》一书中曾做出解释，为何对于失控的利率和通货膨胀、失败的市场、高企的税率的担忧均无事实根据。政府债券对于下一代人而言并非巨大的负担，税款并没有被要求用来偿清这些债券。美国和中国发行的债券并不会面临欧元区国家发行债券所遭遇的问题。它们并不会增加或减少货币供给，不会挤出用于投资的资金。中国和美国可以为所有用于创造就业、修复和改善基础设施、降低税率、预防经济危机的举措提供资助。

当然，中国也存在真正的信贷危机，但这一担忧经常被夸大。一些地方政府实体面临财政挑战，需要改革；一些建筑物并没有被完全利用;"影子银行"也带来一些问题。但这些风险应该以正确的眼光去看待。中国的银行一般都会根据国际标准维持一定的资本充足率,而且在不断地吸收新资金。存款储备金数额高,而不良贷款率低。不良贷款超出表面水平的报道不绝于耳,但鲜为人知的是,在监督机构的指导下,银行已有完备的资本储备,即使问题比现在严重两倍甚至更多,银行依然能够应付自如,不会进一步损害关键资本充足率。中国的银行比很多西方国家的银行采取了更加充分的准备措施,以应对不良贷款率增长问题。

最重要的是,中国明白,金融危机将会给经济带来严重影响,应该而且可以采取强有力的措施应对任何显现出来的重大金融体系问题。本世纪初开展的银行清理便是一个很好的例证。该项目使主要银行摆脱了不良贷款的负担,为经济快速增长服务。尽管将来或许不需要如此规模的项目,但政府可以自行决定建立小型、有针对性的资产管理公司,以备不时之需。

中国将面临的最大风险来自过于照搬西方传统的金融教条,这可能会对政府政策造成不必要的限制。只要中央政府继续积极应对关键问题,中国经济就不会遭受严重的经济危机。

合理的目标

GDP 的测算、评估等是一个庞大而复杂的项目,实际上,这种细小的偏差显得微不足道。中国最近设定目标时采用近似值的表述方法，如"7%左右"这样的表述是极为合理的。如果分析师们对中国经济的预测包括生产率增长水平、劳动群体的有效增长以及需求的增长，就将会更有意义。

提前或推迟提供足够但非过剩的需求是不可避免的，因此期望任何目标都可以精准地达到是不切实际的。但中国已经证明，其擅长评测数据，并落实调整的项目。

中国中央政府有能力确保需求随生产能力的增长而增长。改革举措、消费者可支配收入增长、基础设施投资将会发挥作用，确保未来多年的强劲增长。

（法兰克·N.纽曼是美国鹏睿金融集团大中华区主席，曾担任美国财政部副部长，也曾担任美国和中国一些大型银行的首席执行官和首席财务官，著有《阻碍美国发展的六大迷思：美国可以从中国经济增长中学到什么》《摆脱国民债务》。本文摘自纽曼先生最近在全球金融论坛发表的论文。）

【美】斯蒂芬·罗奇

中国经济再平衡是世界性机遇

作为世界上规模最大的两个经济体,美国和中国的重大调整都将对全球经济形势产生重要影响。两国经济目前均处于关键时刻——美国迎来复苏,而中国则出现放缓,因此有些人便迅速得出结论:这一相反趋势表明,后金融危机时代世界经济格局出现了根本性、持久性的变革,中国经济放缓将给世界经济带来巨大负面影响,而美国将恢复在世界经济中更加突出的引擎地位。笔者对此不以为然,尽管世界经济的确正处于重要节点,但以上观点却忽视了美国和中国经济中最重要的进展和变化。

美国经济还没能"向前冲"

尽管外界大肆宣扬美国所谓的复苏,但美国经济仍处在疲软的复苏轨道上。在2014年第二、三季度经历强劲增长后,第四季度,经济增速又回落至2.2%。2015年第一季度增长同样疲软。这延续了后金融危机时代缺乏活力的经济复苏态势。自"大衰退"于2009年年中结束以来,美国实际GDP的平均年增长率一直维持在 2.3% 左右，比通常所说的复苏——经济增速 4.3% 左右要低两个百分点。

这与一些人所说的美国经济"向前冲"并不一致。诚然，过去几个月中，美国的就业增长率大幅提升，但产出增速并无大幅提高。这凸显了美国再次出现一个严重问题——工人人均产出值的大幅下降，或者说是生产率增速大幅下滑。正是由于生产率增长面临如此大的压力，美国目前还很难像一些人所坚称的那样，重新成为全球经济增长更加重要的引擎。在 20 世纪 70 年代和 80 年代美国生产率大幅下滑期间，情况便是如此。面对今天极具挑战性的形势，我们不应忘记这一教训。

中国经济再平衡潜力被忽视

笔者还认为，许多人现在都忽视了中国经济及其相关政策最重要的驱动因素。中国经济放缓在很大程度上（并非完全）是有意而为之，这表明中国政府正在精心地推动再平衡，向增速更慢的服务业和消费倾斜。同时，中国最近的货币政策调整旨在确保 GDP 增速不低于 7%。在全球经济疲软的情况下，这个增长目标很具挑战性。

然而，短期的货币政策调整以及推动消费再平衡的重大改革举措，不能被简单地视为一些人所说的"渐进主义"。相反，中国在把控经济的过程中既有战略考量（经济再平衡），也有战术考量（短期增长风险）。与美国和其他西方经济体不同，中国还没打光货币政策和财政政策弹药库中的所有弹药。如果形势需要，中国能够采取相当规模的刺激举措，这些选项将使中国保持在改革与再平衡的轨道上。

尽管对于推动美国与中国经济发生重要转变的因素存在误解，但在考量这些发展变化对全球经济的影响时，我们不能再犯错误了。而这正是我们现在评估中国经济增速放缓如何影响全球经济时面临的问题。需要着重指出的是，这一经济增速放缓反映出来的是制造业活动贡献率不断下降。通常情况下，制造业要严重依赖能源、铁矿石和其他工业原材料的支撑，因此这种趋势确实给澳大利亚、加拿大、俄罗斯、巴西、新西兰以及许多非洲国家带来困难。

但这也为从制造业向服务业转变带来一线希望，并将推动中国实现消费导向的再平衡。新的国内消费需求的出现，不仅将为中国更具可持续性的经济增长奠定基础，同时也将为后危机时代亟待增长的世界经济带来相同效应。

中国服务业令人印象深刻的增长就是一个重要例证。中国在2011年制定的"十二五"规划中确立了雄心勃勃的目标，提出将服务业在GDP中所占比例从43%（2010年）提高到47%（2015年）。而最近的统计数据表明，2014年服务业在中国GDP中所占的比例已经达到48%，提前一年就超过了既定目标。如果中国继续保持这种再平衡的趋势，那么从现在开始到2025年，中国服务业的整体规模还将扩大约12万亿美元。在一个相互连接、信息科技扮演重要角色的世界中，以往不可买卖的服务业正在变得愈发具有贸易性，这将在未来10年中为中国的贸易伙伴创造规模在4万亿美元至6万亿美元的新市场。

世界经济大格局并未改变

因此，与许多人的臆测不同，中国以服务业为主导的经济放缓并非是对全球经济的威胁，无论对其自身还是整个世界来说，它都是一个重要机遇。由于中国服务业单位产出所需的人力比制造业和建筑业多出约30%，再平衡后的中国经济无须达到现在这么快的增长便能维持社会稳定。在新的以服务业为基础的经济中，7%的增长速度能够为中国提供以往制造业经济10%增速才能提供的就业机会，而环境退化和污染也会变得更少。

以消费和服务业为主导的中国经济增长，或许就是疲软的全球经济需要的药方。由于美国消费者一直都是美国经济缓慢复苏的薄弱环节，中国以消费为导向的再平衡将发挥更加重要的作用，成为全球需求新的重要来源。

有句话叫"万变不离其宗"。中国、美国以及世界其他国家肯定都会不断发生变化，但据此便断言说全球两大增长引擎的地位已经发生根本改变，似乎并不正确。至少从当前来看，美国还无法对世界经济发挥更大拉动作用，中国仍是全球经济增长的积极引擎，世界经济大的格局不会因为美中两国经济当前阶段的表现而发生变化。

（斯蒂芬·罗奇是耶鲁大学教授、摩根士丹利亚洲区前主席，著有新作《失衡：美国和中国的相互依存》。本文由王晓雄译。）

【印度】蒙特克·辛格·阿鲁瓦利亚

中国是发展中国家减贫的典型

世界各国领导人在联合国通过的《2030年可持续发展议程》已于2016年正式启动。该议程重点突出"可持续发展",罗列17个可持续发展具体目标。

然而,这17项目标各有侧重,大部分发展中国家没有能力同时实现2030议程的所有目标。因此,有必要先对其做重要性排序。笔者认为,减贫首当其冲,尤其是消除日人均生活支出低于1美元的绝对贫困。发展中国家减贫最缺乏的是资本。我们曾做过测算,若想实现2030年发展目标,全球发展中国家每年总共需1.5万亿美元的投资,这即便对印度、中国这样的人口、自然资源丰富的发展中国家来说,也是巨额支出。

于2015年正式收官的联合国千年发展计划在减贫方面取得卓越成效。中国作为发展中大国,因帮助数千万人走出贫困而成为典型,经验值得参考。中国减贫成功,主要在于充分发掘国内资源实现发展。据统计,中国人每年将GDP的将近50%投入经济再发展的融资过程。中国人习惯储蓄,银行资本金更加充足,而非洲、拉美等地的存款率则没那么高。

中国还积极为其他国家创造发展渠道。中国倡建的亚投行吸引很多国家和地区参与，以"一带一路"综合考虑不同区域发展需求的项目作为支撑，越来越多的国家正在共享更高端的互联互通的交通信息基础设施。全球未来有一半人口将生活在城市，地区、国家间资本资源整合还会带来更加共赢的城市化进程。

值得一提的是，中国在实现减贫、发展经济的同时，也以负责任的态度对待气候变化，不仅兑现过去的减排承诺，更于2015年巴黎气候变化大会前夕誓言降低碳排放强度，在2030年之前停止碳排放量增长。

众所周知，巴黎气候峰会达成了"把全球平均气温较工业化前水平升高控制在2摄氏度之内"的目标。为此，全球须在本世纪下半叶实现温室气体零排放。发展中国家尽管与发达国家经济发展水平不同，但都应信守承诺，在力所能及的范围内负起责任，这对自身经济结构升级也是一种促进。

（蒙特克·辛格·阿鲁瓦利亚是印度原国家计划委员会副主席。本文整理自作者在"从都论坛"上的演讲。）

【美】斯科特·罗斯高

我眼中的中国经济不会崩溃

近年来,学界与媒体频频发出"中国崩溃论"的声音。这样的声音由来已久,而事实每每胜于雄辩,中国都以良好的经济增长态势给"崩溃论"以强有力的回击。

这些"中国崩溃论"都是从现象直接推导出崩溃的结论,没经过严密论证,主观、武断又仓促。如颠倒结论与假设条件得出错误的 GDP 结果;或重复计算得出的债务规模。他们低估了中国抵御风险的能力,据此形成悲观的预期。经过一次又一次"落空","崩溃论"的声音在减弱。从时间顺序上看,崩溃的言辞从激烈变成了谨慎,从有明确崩溃时间到没有明确崩溃时间。

中国经济增速放缓是事实,"崩溃"却是夸大其词。目前,中国经济正处在转型升级期,经济发展中的问题也会比较活跃地暴露出来,但是问题的暴露会引起更多重视,才会有解决的机会。

部分学者和机构质疑中国 GDP 存在"水分",存在虚假繁荣。事实上,任何一个经济体的统计数据都很难做到完全精准,尤其像中国这样庞大的、多样性的经济体,统计上的误差是可以理解的。但是个别学者的质疑毫无根据,他们并未做过客观真实的研究，质疑者们所给出的"真实 GDP"完全是推测。

对于"中国的三大泡沫——投资、房地产和信贷——将引致中国经济崩溃"的看法，笔者认为，泡沫的存在是事实，但是远未到达破灭并引致经济崩溃的地步。中国产业结构的调整升级需要创新，而创新是需要投资的。在当前出现的整体投资增速下降中，应该注意到民间投资、第三产业的投资在快速上升。中国政府近些年出台的控制房价政策，是主动挤出泡沫的举动。房价上涨势头得到初步遏制甚至下降，有效避免了房地产泡沫进一步恶化，这也反映了房地产市场正在逐步向健康趋势发展。在信贷泡沫问题上，不能单纯地看负债率、杠杆率数字，因为中国的储蓄率同样高于别国。在同样条件下，储蓄率越高，高负债触发金融危机的可能性就越小。

对于"中国将发生债务危机甚至崩溃"的言论，笔者认为，中国政府的财政状况远远优于其他国家。从其所持有的庞大外汇储备和政府所控制的企业资产来看，毋庸置疑中国的偿债能力，不会出现主权危机。当然，中国的债务确实存在问题，如地方政府的土地抵押现象，但该风险总体上可控，整体上还未超出国际公认的警戒线。对于银行坏账，政府可以采取类似于亚洲金融危机后的剥离坏账措施来化解。

对于"中国投资驱动的增长难以为继，而出口导向型经济不能持久"的论调，笔者认为，从目前中国的发展态势及人口总量、新型城镇化进程加快的背景来看，投资是有空间的。只是政府应考虑如何提高投资的效率，这就要求将资金向提高效益和质量、代表产业升级方向的行业倾斜。由于人力成本的升高,中国出口导向的道路变得更窄。但是应该看到,中国的制造业工人素质高于东南亚国家;且中国出口产品的构成中,新技术产品比例逐步上升,文化产品也有一定程度的增长。中国提出的"中国制造2025"规划,推动"中国制造"向"中国智造"转变,也是制造业出口产品升级的体现和保证。

对于"中国股市崩溃将导致全球经济危机"的预警,笔者认为,崩溃应该是持续性、大范围、没有复苏迹象的下跌。目前,中国股市还不能称为"崩溃",因为股价的剧烈下跌是对之前堆积泡沫的挤破,且从当前股价的表现来看,涨跌均存在,这是股市上多空力量强弱对比形成的,并不是崩溃。因中国的股市规模相比于发达国家来说较小,所以对整个经济的影响相对较小。从结构上看,中国经济与生产挂钩,而西方经济与金融密不可分。这就是中国相对强韧的主要原因。且泡沫破裂、股价下跌有利于实体经济吸纳投资;中国央行出台的降息降准政策,对股市和经济都是强有力支持。

对于"人民币贬值是中国经济衰退体现"的论调,笔者认为,人民币贬值有利于人民币国际化,是主动将汇率推向市场化、完善人民币汇率中间报价机制的举措;而且汇率的下降可以提升中国的出口,为中国优化出口产品结构争取机会。

中国可以把"崩溃论"视作善意的提醒,现在应重点考虑的问题是——如何避免崩溃。近年来,中国政府有意调整经济发展方式,实行稳增长、调结构、促改革、惠民生的措施,主动将经济增速从高速降为中高速，经济增速有所放缓，但经济质量和效益都在提高，中国经济发展进入了新常态。笔者相信世界对中国越了解，"中国崩溃论"越不会成为西方学界的主流观点；笔者也相信，面对当前的困难和质疑，中国不会像瓷器一样脆弱。随着政府治理能力的提高，分配制度和法制的完善，对社会问题的关注，笔者对中国经济长远发展还是很有信心的。

（斯科特·罗斯高是斯坦福大学教授。）

【英】杰里米·加利

没有中国，欧洲经济会怎样

在达沃斯世界经济论坛在瑞士召开之际，与会代表一定会为 2017 年最急迫的两个问题费心思：如何恢复世界经济增长，如何改革市场经济的模式。世界舆论普遍认为，全球化已经有点迷失方向，贫富差距正逐步扩大，不平等引发的不满导致多国涌现反全球化的情绪浪潮。各国领导人承担着为未来指路的压力。

很多人似乎认为，经济困境的解药在于切断全球贸易，聚焦本地解决方案。只要排除妨碍他们的外国人，弱势群体将重获工作和成功。

对欧洲和美国来说，这似乎意味着应该尽可能地疏远中国。特朗普最诱人的选举承诺之一，就是让美国人抢回被中国人夺走的饭碗。

因此，我们很可能在 2017 年见证西方国家政客努力抵制中国货的情景。如果特朗普痴迷于屏蔽中国、针对中国货物增加关税和保护措施，那么欧盟也会随之起舞吗？如果没有中国，欧洲会因为制造业工作增加而回归繁荣，还是因与主要的全球伙伴失去联系而更加困难？

我认为后一种场景更符合事实。例如，欧洲经济强国德国的增长依赖出口，诸如汽车之类的工业品都销往中国。没有中国，德国的经济显然会面临非常难堪的下滑，其他欧洲国家或多或少也会出现类似的境况。

事实上，思考没有中国的欧洲这件事本身就很奇怪，因为欧洲从未真正和中国"在一起"，从未真正理解过中国，甚至从未试着去解读中国。一些带有偏见的欧洲人将中国视为带着恶意的遥远国家，误解了中国对他们生活的影响。他们一贯将中国商品与低廉和低质画等号，却忘记他们钟情的手机和计算机都是中国制造。他们视中国工人为生活在恶劣环境中的低收入寄生虫，却又不能无视中国快速的经济增长使得4亿人脱贫的事实，这是人类历史上前所未有的成就。

请允许我以另一个黑暗场景来解释中国在欧洲经济中的积极作用。如果失去了中国的支撑，毫无疑问，欧洲乃至全世界都受到巨大影响。全球化意味着各国经济不可避免地联系在一起，隔离是近乎不可能的事，这也是英国尝试"脱欧"时所见证的事实。

失去中国的支撑会给欧洲国家造成严重后果，也会导致深度持久的全球经济衰退，没有一个国家能幸免于难。中国当前正加快对欧洲国家的投资，未来几年很可能加大力度。如果这些资金难以到位，欧洲企业缺乏中资的注入，当地人的工作岗位也就无法增多。

作为法国、英国等欧洲国家增长最快的行业之一，中国赴欧旅游业如果萎缩，欧洲商店里的奢侈品将闲置在货架上。古驰、路易威登、博柏利等名牌商品也很难找到顾客，这将进一步拖累欧洲经济。

换言之，中国未得到欧洲的正确评价，其增长的经济活力仅仅被世界的陈旧观念视为对经济增长的一种刺激而已。

当中国代表团到达达沃斯时，欧洲人要花时间明智地思考一下，中国到底对他们意味着什么，他们也应思索如何改善贸易与全球市场经济的模式，如何加强与中国的互惠纽带，而不是将中国的商业活动看作对欧洲的伤害。

（杰里米·加利是捷克布拉格经济大学国际关系学者。）

【英】马丁·雅克

欧洲已经不再从地缘角度打量中国

日前,英国伦敦前市长、"脱欧派"代表鲍里斯·约翰逊在接受媒体采访时说,"欧盟试图建立一个超级国家,这种做法和德国纳粹头目阿道夫·希特勒一般无二,不可能成功"。由于英国将于2016年6月23日举行"脱欧"公投以决定是否留在欧盟,这个话题成为当下英国乃至欧洲最受关注的焦点。民意调查显示,"脱欧"和"留欧"阵营所获民意支持旗鼓相当,公投结果难以预料,但这个结果关系到英国未来的命运,也关系到整个欧洲的走向。

"脱欧"对英国和欧盟都是伤害

英国离开欧盟目前已经成为一种现实的可能,民意正越来越背离欧盟。上一次"脱欧"公投是在1975年,当时的投票结果是留欧阵营获得压倒性胜利而留在了欧盟。然而,现在"去"和"留"的阵营势均力敌。为什么?这是因为金融危机后欧洲面临很多问题,经济状况更是雪上加霜。移民是"脱欧"公投的一个重要议题,然而欧洲被视为移民问题的根源所在。许多英国人认为移民人数太多,抢走了他们的工作机会,挤占了学校和住房资源,等等。

此外,英国对欧盟的热情一直并不怎么高。和法国、德国这些大陆国家不同,英国一直受岛国思维模式影响,而且保守党内部在欧盟问题上一直有严重分歧,现在多数保守党的态度是反对留在欧盟。此外,选民中年纪大一些的人更加厌恶欧盟。18~30岁的年轻人更亲近欧盟,50岁以上的人更怀旧更反对欧盟。

我个人认为英国会留在欧盟,因为离开欧盟将是一个很极端的决定。人们在投票的时候会再三思索离开的后果。这次公投可以说更像苏格兰公投。我并不认为苏格兰会离开英国,可是他们差一点就选择了离开。

如果令人不愿看到的局面真的发生,英国公投最终选择离开欧盟,英国和欧盟的全球影响力无疑都会受到影响。失去英国这个欧盟最重要的三名成员之一,欧盟的全球影响力必然将会下降。与此同时,对于英国,支持"脱欧"的人会说,我们可以自己来贸易和交易,不用必须得加入欧盟。可以说这部分英国人的态度是非常怀旧的,他们怀念过去的辉煌。

但是如果英国真的选择"脱欧",这将导致英国整体世界观的落后。卡梅伦和奥斯本将不得不下台,鲍里斯·约翰逊有可能会成为首相,但后者有点过于机会主义,他呼吁"脱欧"只是为了提高自己做首相的可能。

欧洲觉得中国确实不是威胁

"脱欧"公投的结果会从多大程度影响中英关系?这个问题是很多人关心的。说实话,卡梅伦首相和奥斯本财相对中国的态度在英国并不具有普遍性。他们的政策领先于舆论。2015年在习近平主席访问英国期间,英国政府的态度非常积极,但是媒体的态度却很糟糕,可以说媒体的观念是非常孤立的。

但是可以看到的是舆论正在变化。当我的书《当中国统治世界》2009年出版时,曾在英国和全世界引起很大争议,可以说距离当时西方主流思潮非常远。然而如今看来,书中的观念距离主流思潮越来越近。因此,舆论正在发生改变。

从欧洲国家对华关系来看,英国更亲近中国,这种转变是巨大的。当保守党政府上台时,相较以前的工党政府,他们起初的态度并不很友好。他们为什么会发生如此的转变?这是因为他们的世界观已经发生了显著的变化。以前他们秉持的是以西方为中心的思维,美国才是英国最亲密的盟友,他们不允许英美之间有任何嫌隙。

这种转变也是对中国崛起和世界变化的一种认可,中国将是未来非常重要的国家,有可能成为世界最大的经济体。这是英国加入亚投行的原因。可以说即便只是考虑加入亚投行,都是非同寻常的。当然,加入的第二个原因与利益相关,英国考虑也许能在核工业、高铁等方面与中国展开合作,当然这里还有伦敦金融城和人民币的问题。人民币终将成为这个世界上最重要的货币之一，而伦敦金融城可以成为人民币的主要枢纽之一。

事实上，在和中国打交道的问题上，英国相比德国、法国都要落后。德国在20世纪80年代就和中国走近，法国也领先于英国。可以说在过去几年里，欧洲国家都与中国更亲密了。一方面中国确实给予他们巨大机遇，帮助他们摆脱经济困境。另一方面是他们觉得中国确实不是威胁，因为欧洲这些国家并不像以前那样拥有地缘政治野心，他们并不从地缘政治角度来打量中国。

西化不再是主导趋势，中国化才刚刚开始

2009年，我在《当中国统治世界》一书中说："中国将在几十年内成为占主导地位的全球性大国，中国不会变得更西化，而是让世界变得更中国。"时隔7年，我的结论仍是这样。当然，随着中国日益融入全球经济，中国也正受到其他国家和文化的影响，尤其是西方的影响。但很明显的是，随着中国的崛起，中国正在贸易（它是全球128个国家的最大贸易伙伴）、投资、货币、全球治理（亚投行和"一带一路"）、国家治理（尤其是发展中国家，甚至有些发达国家也受到影响）、教育（PISA测试结果，致使西方以及全世界都对中国的教育感兴趣）、中文、互联网等多方面产生越来越大的影响。

世界各国正在注视中国、接近中国,因为他们认为中国将越来越和自己的未来相关,这在东亚已经非常明显,欧洲也是如此。如果西化是过去两个多世纪的主导趋势,那么中国化的过程才刚刚开始。这并不是说西化已经不再重要,但是不再像以前那样具有压倒性影响力。

当然,中国目前正在经历的经济模式转变是一个很大的挑战。这并不容易,因为涉及各种新挑战和政策手段,而这些是中国政府以前不太熟悉的。他们犯了一些失误,比如在证券交易上,但这是可以理解的而且不可避免。我相信中国的经济模式能成功转型,但还需要时间(结构性转变将需要 10 年或更长时间),而且在这一过程中会有不少失误和糟糕的时刻。

(马丁·雅克是英国剑桥大学政治和国际研究系的高级研究员、清华大学客座教授。)

【英】吉姆·奥尼尔

伦敦不该让中国投资者产生误会

成功打造"金砖国家"概念的英国经济学家吉姆·奥尼尔，2015年5月出任英财政部商务大臣，帮助卡梅伦政府打造了英中的"黄金关系"。但2016年9月下旬，也就是英国"脱欧"公投后不到百日，奥尼尔就成为新内阁组建后首个辞职的部长级官员。因不太满意特雷莎·梅政府在中国投资问题上的摇摆不定，2016年夏天英中关系在欣克利角核电项目上一度起波澜时他就流露出离任之意。辞职后，奥尼尔一直不愿接受英媒采访，但后来他在接受《环球时报》特约记者采访时透露了自己选择离开的真实想法，并表示"英国政府需要提高表达能力"，不应该让外界误会，尤其是对于中国投资者来说。他相信，英国可以与中国享受很好的贸易关系。

环球时报：尽管您早已放出风声，但当9月23日正式宣布辞去英财政部商务大臣时，还是让很多人感到意外。为什么要选择辞职？

奥尼尔：（笑）关于这些，我没对英国媒体解释，因为我必须要小心。英国媒体会炒作，如果我说话时不小心，就会给自己带来麻烦。至于我为什么辞职,主要是因为我没有政治立场。对我来说,作为英国议会上院议员,担任政府高级官员,也就意味着要完全放弃私人生活。我一直在考虑辞职的时间。我本来想,在我负责的抗菌药抗药性报告完成后,也就是在我辞职的前一天,是一个适合辞职的时间。另外一点是,我辞职时已确信英格兰北部经济引擎项目(该项目在卡梅伦政府时期提出,计划把英格兰北方建成与伦敦及英格兰东南部地区规模相当的经济地区)开始执行,而且发展速度会不断加快。如果我认为北部经济引擎项目会放慢速度,我就不会辞职。我个人认为,这个项目有很多亮点。英格兰北部的人,包括当地商人会对未来越来越充满期待。不过,我不可能等到该项目都成功后才离职,那样就需要等10年,我不能在政界工作10年。我辞职完全不受我与他人之间关系的影响,是因为我想恢复正常的生活状态。作为英国人,我依然对北部经济引擎项目充满热情,会发表关于该项目的演讲,并鼓励大家对政策提出新的想法。有可能以后不会有人像英国前财政大臣奥斯本和我一样,高调宣传该项目了,但我比较确信,它会继续发展。

环球时报:是的,曾有报道说,新政府一度考虑放缓开发英格兰北部地区。在您看来,"脱欧"公投对英国未来发展会有什么影响?

奥尼尔:我觉得在英国"脱欧"后,英格兰北部经济引擎项目应受到更大重视。英国"脱欧"决定,从更广泛意义上讲,好像只能表明有很多英国人对生活的很多方面不满。如果你看

吉姆·奥尼尔

北部地区的投票结果，尤其是东北地区的结果，就可以明白大家都投票决定"脱欧"的原因。如果我是政策制定者，我会明白这样的结果是在告诉我们——需要付出更多努力，让这些人觉得还有未来。

环球时报：从欣克利角核电站到英格兰北部开发，英国政策的起伏变化似乎都与中国有关。在英国，我们也听到有些政界人士表示，"不希望在'脱欧'之后看到个别国家，比如中国，过多地渗透英国社会发展，尤其是基建发展"。英国未来该如何与中国合作呢？

奥尼尔：我从事了30年的商业工作，学到的一点就是该如何表达一个信息，这对具有前瞻性的商业决定来说很重要。我觉得，英国政府需要提高其表达能力。英格兰北部经济引擎项目的势头很大，英国政府不应该让外界误会，尤其是对中国投资者，以为政府不再重视这个项目。坦率地讲，我没有觉得新政府轻视该项目。英国新首相上任时间比她预期的早了8周。因此，对她来说，需要先了解很多政策的相关信息，包括英格兰北部经济引擎项目，还有中国和欣克利角项目的关系。这些变化对她来说，好像是回大学去读书一样，我们要记住这点。我比较确定英国政府会继续认真支持北部项目。如果你听过英国首相在伯明翰保守党年会上发表的演讲，你会知道她说了很多有分量的话，如关于帮助那些没有从全球化中受惠的人，其中就包括很多英格兰北部地区的人。

环球时报：英国政府已决定明年3月底前正式启动"脱欧"

谈判。您认为政府已经做好了谈判准备吗？

奥尼尔：我觉得英国政府对"脱欧"计划还没有很清晰的思路。我们要记住，连那些强烈支持"脱欧"的人也没有想到英国"脱欧"公投会是这个结果，没有人想到英国人会决定"脱欧"。我们在解开40年的英欧关系，这个很难。英国政府需要时间想好它想要什么。当然，还有英国与欧盟之间的"脱欧"谈判也很复杂，需要一些非常有才能的人。我觉得接下来还会有很多起伏。这些事情不是在真空区域里发生的。从金融市场就可以看出，金融领域不喜欢"硬脱欧"的说法，他们担心这种可能性。如果这种恐惧形成一种恶性循环，就有可能会影响英国决策者的想法。因此，我觉得"脱欧"问题，还会发生很多变化。

环球时报："脱欧"之后的英国，需要和世贸组织成员签署贸易协定。您是否认为，未来英中之间的贸易谈判会更加灵活和迅速呢？

奥尼尔：每个危机都会带来新的机会。考虑到英国民众的决定，我们要想办法为英国做出最好的决定。这个工作很难，但我们还是要做。我从以往的商业经验中得知，推动贸易最大的力量不是国际贸易协议，而是不同国家的国内需求增长速度，以及不同国家的进口量和出口量。从这个角度看，中国已在全球贸易中扮演最大的角色，而中国几乎没有自由贸易协议。我觉得有种危险，就是有的人夸大自由贸易协议的重要性。当然自由贸易协议很重要。但更重要的是与全球贸易发展很强的国家保持良好的关系。因此,令我感到非常骄傲的是,我在政府工作的短暂时间内,帮助英国首相和财政大臣形成英中之间的"黄金关系"。在接下来的20年,中国对全球贸易的影响最大。在未来,英国可以与中国享受很好的贸易关系,也就是更专注于高增值产品和服务。英国所处的地位很适合提供这些产品和服务,不管英国是否"脱欧"都可以提供。当然,英国的"脱欧"谈判会非常复杂,我也不羡慕负责"脱欧"谈判的人。

(吉姆·奥尼尔是经济学家,曾出任英财政部商务大臣,帮助卡梅伦政府打造了英中的"黄金关系"。本文由纪双城采写。)

【澳大利亚】大卫·莫里斯

太平洋岛国真诚欢迎中国崛起

传统意义上的大国崛起有可能扰乱既有国际关系，甚至触发武装冲突。但只要中国在其提出的新型大国关系框架下崛起，这一情形就不太可能出现，各大国将开展"基于相互理解的双赢合作"，太平洋地区也将从这一合作中受益。

近现代历史上，太平洋地区深受崛起大国及其殖民主义的伤害。200多年前，欧洲殖民者刚发现新大陆不久，就把坚船利炮、罪犯和贸易公司带到太平洋地区——他们意念世界中"人与自然和谐共处的天堂"。

在我的故乡——澳大利亚的塔斯玛尼亚岛，英国人登岛后不到20年就与原住民发生战争，绝大多数原住民惨遭杀戮，酿成世界范围内最骇人听闻的种族灭绝事件。20世纪40年代，太平洋地区未能在日本军国主义思想扩张引发的新一波殖民浪潮中幸免。不久后，虽然美国人帮我们赶走日本侵略者，结束太平洋战争，为地区和平和经济发展做出一定贡献，但从某种程度上看，美国在"二战"后成为本地区一支伪善的殖民力量。一个典型例子就是：美国频繁选择在太平洋地区进行核试验，丝毫不顾忌当地居民感受。时至今日，我们依然要面临核试验带来的可怕后遗症。

太平洋地区国家欢迎中国崛起，中国也正为本地区和平与安全以及可持续发展做出贡献。

一方面，太平洋地区国家欢迎中国为自身经济发展提供支持，包括基础设施建设、医疗、农业培训和在华留学等。前往中国留学的太平洋地区学生将成为促进太平洋岛国可持续发展的领导者。

另一方面，中国提倡构筑的新型大国关系对解决本地区的突出问题很有帮助。气候变化是关系到太平洋国家生存的根本性问题。若海平面持续快速上升，太平洋地区的许多岛国将不复存在。然而，气候变化是一个全球性议题。如果中美等碳排放大国都没有就气候变化达成一致，其他国家也很难有动力采取有效的措施。

此外，近年来越来越多的中国人开始前往太平洋岛国旅游或投资，这不仅加深了两地经济文化联系，为太平洋地区带来可观经济收入，更能促进其可持续发展。引入中国资本建设基础设施，有利于太平洋地区进一步开发旅游资源。

习近平主席提出的"一带一路"倡议对太平洋地区的发展大有裨益。在我看来，"一带一路"建设包括交通设施的互联互通，通信网络的融合，为发展中国家提供了一个与中国市场融合的重大经济合作机会。由于地理原因，太平洋岛国远离主要市场，任何能促进空中、海上及通信联系的机会都弥足珍贵。

太平洋地区有中国人民需要的东西，克服距离的挑战将会为双方带来益处。

（大卫·莫里斯是太平洋岛国论坛驻中国首席代表。本文由伊文译。）

【美】拉里·威廉姆斯

索罗斯想"做空"中国注定失败

通过做空货币获益数十亿美元的金融大鳄现在要"做空"中国？

我们有必要问一句，索罗斯究竟有多擅长做空游戏？事实上，索罗斯屡次损失数十亿美元，在做空股票市场和货币时所遭遇的失败与所取得的成功一样多。2000年，索罗斯所管理的基金市值在1年内从100亿美元下跌至40亿美元。2008年，索罗斯在雷曼兄弟即将破产之前大举买入该公司股票。2015年第三季度，索罗斯向美国政府报告的投资组合表明，其资产总额从107亿美元下降到了66亿美元。这是大多数人所不知道的有关乔治·索罗斯的小秘密。

这让我想起了那句格言："如果你足够聪明，那你一定会很富有。"有的富人很聪明，有的也挺蠢。而索罗斯在这两点间摇摆。这一次，他"做空"中国的举动注定将要失败。

不了解市场的人总是害怕投机者，认为是投机者推高了市场价格。事实上，像索罗斯这样的投机者不能仅凭个人力量推动股票价格上涨或下跌。他们只能从自己认为会发生的市场走向中获益。他们有时能成功，有时也会犯错。1992年，索罗斯通过做空英镑获得大胜，但这之后的许多交易都不甚成功。

当然，索罗斯拥有比大多数投机者更多的资金，因此，他可以在一定程度上影响市场。但从我54年的交易经验来看，即使是索罗斯也无法逆市场潮流而动。

中国股票市场会继续探底吗？人民币会崩溃吗？中国经济有没有问题？当然有。美国有经济问题吗？当然也有。在任何时间，任何一个经济体都不是完美的，你总能指出其问题所在。

攻击一国经济的人总是比建设一国经济的人多。或许这就是为什么前里根政府官员大卫·斯托克曼最近表示，中国人在疯狂地挖掘、建设、借贷、消费、投机，其幅度是历史上任何时候都无法比拟的。斯托克曼先生忘记了，正是人民币扩张带来了经济增长，为中国创造了大量就业岗位。

中国经济会硬着陆吗？13亿勤劳的中国人将不再工作坐等经济停滞吗？中国政府看不到索罗斯预言的危机吗？我答案是"不会"。从短期看，我认为中国股票市场不久将会反弹，而且反弹已经开始，将上证指数与黄金价格对比，或与美国股票价格相比较。用这两种办法追踪上涨区域都表明，反弹的概率大于下跌的概率。将中国股票市场的波动与美国30年期国债利率波动做比较也可以看出，当国债利率进入低估水平线以下时，大幅度的反弹就为期不远了。

就股市来说，目前最为重要的是保持反弹的力度，如果反弹势头能够维持住一段时间，股指将重新上涨，如果势头维持不住，股指将跌至新低点。调整经济增长方式，抑制股市投机，稳定经济体系化解风险，中国面临的问题和挑战并不是什么秘密。世界各国政府都竭尽所能促进经济发展，问题是，他们中有多少具备严肃的态度和强大的动员力。不论是世界银行、国际货币基金组织或其他组织和个人权威的预测，都不能替代一国政府对本国利益和形势的清醒判断。不是只有投机者、悲观主义者和"预言家"们才看得清前路崎岖，从长远来看，我仍坚信世界将变好。

（拉里·威廉姆斯是美国"期货大王"、威廉指标创始人。本文由王晓雄译）

第七章　共享历史　共创未来

有关"美国世纪"或"中国世纪"的问题,"软实力"概念提出者约瑟夫·奈认为:美中两国必须合作。虽然也有冲突,但双方在很多问题上只有合作才能成功。比如气候变化问题,双方都无力独自应对,只能携手,这就是"非零和"关系的例子。因此,两国必须去思考如何与别国一起强大,而非只是想着如何比别国更加强大。如果美中合作,就能解决一些问题,否则结果必定相反。

【美】约瑟夫·奈

美国无法主宰世界,但它仍是最强大国

还没有哪个国家能取代美国

美国自1900年以来一直是世界最大经济体,但直到"二战"后才成为世界力量均势意义上的中心国家。"二战"以来,美国既是最大军事强国也是最大经济强国,在它的帮助下才有了全球性的国际新秩序。现在,很多人说这种局面已经结束,美国已然衰落,世界秩序也将崩溃瓦解。但我对此观点不以为然,美国并未绝对衰落,目前也无其他国家能够取代美国最大国家的位置。欧洲虽然在面积、人口和GDP总量上与美国旗鼓相当,但它缺乏团结;俄罗斯在衰落,面临较为严重的经济和人口等问题;再看印度和巴西,它们在很大程度上仍是发展中国家。不少人认为,中国是最有可能取代美国的国家。但中国的经济总量才只有10万亿美元,美国则是18万亿美元。就人均收入而言,美国也比中国高得多。因此,美国依然更加强大,现在看来还没有哪个国家能够取而代之。

那么问题来了:美国是否还会一如既往地继续提供全球性

公共产品？美国还能否维持一系列稳定的国际价值观，比如公海航行自由、互联网开放性、环境卫生、全球污染、全球变暖问题，等等。我认为美国会继续那样做。如果在这方面出现问题，那可能更多是来自美国内部态度而非外部国家挑战。要想继续发挥作用，美国将不得不与别国合作。

如果美国面临的挑战并非主要来自外部国家，那么它的挑战究竟来自哪里呢？其中一个挑战可能是国际体系的日趋复杂化，尤其是非国家行为体正在发挥越来越大的作用。如果你看看互联网就明白了，很多行为体都利用互联网，其中有些是做好事，另外一些则是犯罪或发起攻击。这里的难题就在于：当你不仅要与其他国家进行协调沟通，还要应付从黑客、恐怖分子到独立货币操纵者等非国家行为体时，你到底该如何维持这套国际秩序呢？因此，国际关系不断增强的复杂化是一个长期挑战，它不仅来自中国、印度或日本等亚洲国家的崛起，更来自非国家行为体的兴起。

另一个挑战就是美国人是否还想继续发挥这种作用。美国在20世纪初成为世界最大经济体，但在20世纪30年代并未发挥提供或引领国际秩序的角色，它退回到了孤立主义立场。其结果是：面对德国侵略或日本帝国主义，无人站起来带头反击；当美国饱受"大萧条"折磨时，无人关照和维系国际货币体系。因此，20世纪30年代实际上没什么所谓国际秩序，美国并未承担维系国际秩序的责任。如果那种情况再次发生，我不认为其他国家已准备好发挥提供全球性公共产品的作用。

我强调美国并未绝对衰落,并不是说它会"主宰"世界,因为即便美国是全球最强大国家,它也无法控制世界所有角落发生的事。比如伊拉克,美国入侵伊拉克没能让它控制住伊拉克,也没能让它遏制住"伊斯兰国"这样的恐怖组织。因此即便在美国是最强大国时,我们也不要夸大它的控制力。

但如果你要问今后25年或30年内,是否会有另外一个国家变得比美国更强大,坦率而言,我不知道。虽然中国增长迅猛并让数亿人脱贫,但它仍然面临很多问题。美国所谓"领导"世界是不是要"控制"世界的意思?我可以直截了当地说不是。但美国是不是还会是最大的经济强国和军事强国?我的回答是,至少在今后25年内将是如此。

对"谁的世纪"问题讨论过多无益

说到"美国世纪",就会有人想到"中国世纪"以及美中关系。无论主观意愿如何,从美国"亚太再平衡"战略提出至今,客观上都导致华盛顿和北京的关系越发紧张。在我看来,"亚太再平衡"战略总的观点,是要反思美国21世纪头10年在中东地区投入太多时间和金钱的事实。放眼世界,经济增长最快的地区是在亚洲。可是我们过去还是一直关注中东,那里已经没有增长了,因此就有观点认为美国要面向亚洲进行"再平衡"了。这在后来被解读成是要制衡中国,但实际并非如此。这并不是要制衡中国,而是要从中国、印度以及其他国家和地区的经济增长中获益。它还被解读成针对中国的军事宣言,但其初衷是撤离中东转向亚洲,这不仅是在军事上,经济上也如此。

正是出于这种解读,很多人关心菲律宾总统杜特尔特改善对华关系将对美国亚太政策产生何种影响。我不觉得这是一件令人不安的事,它也不会令美国的政策改变很多。如果中国和菲律宾能在类似黄岩岛等问题上达成协议,那是好事。在南海问题上,美国历来强调对相关岩礁或岛屿的主权问题不持立场。因此,黄岩岛主权归属问题要由中菲自己解决。美国的立场在于:根据《联合国海洋法公约》和"南海仲裁案仲裁庭"裁决,南海水域属于国际水域,只是中国并不接受。归根结底,美国在南海的利益就是"航行自由",而非保护菲律宾、越南或文莱等任何特定国家对于某块岩礁或某个岛屿的利益。过去数十年来,这一直都是美国官方的立场。

有关"美国世纪"或"中国世纪"的问题,我觉得多说无益。现实情况是,美中两国必须合作。虽然也有冲突,但双方在很多问题上只有合作才能成功。比如气候变化问题,我们都无力独自应对,只能携手,这就是"非零和"关系的例子。因此我的观点是,我们必须去思考如何与别国一起强大,而非只是想着如何比别国更加强大。如果美中合作,我们就能解决一些问题,否则结果必定相反。

事实上,过去四五年里美中关系取得了显著进展。两国在哥本哈根气候大会时还分歧很大,到了巴黎气候变化大会就达成了共同立场。2015年9月,习近平主席和奥巴马总统就两国互不进行和支持网络商业窃密行动等问题达成共识,这是面向中美合作的稳健一步。这可能就是今后的主要模式,美中两国最终要一起做更多的事。

(约瑟夫·奈是美国哈佛大学教授,新著《美国世纪结束了吗》。本文根据《环球时报》对作者的专访整理而成。)

【美】格雷厄姆·艾利森

中国更有可能避免别人犯过的错误

"修昔底德陷阱"是理解当前中美关系的最佳视角,中国日益增长的力量对美国的威胁与当年德国对英国的威胁,以及雅典对斯巴达的威胁是类似的。当然,中国目前在军事上和技术上还落后于美国,但中国的目标是赶超美国,只不过目前还没有成功而已。

我认为中国可能比西方人更聪明,因为他们有很强的历史感。他们会从历史中学习,避免别人犯过的错误。我们有时候说,美利坚合众国更应该被称为是美利坚健忘国(字母缩写同样是USA)。

人们对历史没有概念,不知道什么是从哪里来的。而中国人似乎扎根于中国历史之中,这当然与一个具有5000年历史的国家是相称的。

历史没有唯一的答案,它告诉我们事物是复杂的。有时候这样做合适,有时候那样做合适。但通过学习历史,你可以发现前人犯过的错误,所以你没有理由重复相同的错误。你也可以找到规律。规律告诉你,当一个新兴大国试图取代守成大国的时候，这就会导致紧张，如当年的雅典、德国。所以今天看到中美关系的紧张，你不应该感到惊奇，因为历史已经告诉你会出现这种情况。当然，尽管存在紧张关系，并不是说我们一定要打仗。

自 1500 年以来，在 16 次新兴大国挑战守成大国的案例中，有 12 次最终导致战争。但是，最近的三次案例都没有导致战争的出现，其中有两次出现在核武器时代。在冷战中，如果不是因为核武器将导致共同毁灭，很难想象美苏之间不会发生战争。即使有核武器，美苏两国也好几次差点打起来。我写过一本关于 1962 年古巴导弹危机的书，当时肯尼迪总统认为爆发战争的可能性在 1/3 到 1/2 之间。如果真打起来了，那么这又是一个导致战争的案例。

关于战后德国的重新崛起，这可能真是一个和平崛起的案例。德国接受了一系列制度性安排，使得它军事崛起几乎是不可能的。

德国现在有军队，但只是用于检阅，而不是为了打仗。但如果欧盟崩溃了，这种可能性是存在的，德国再度军事化，它就可能对邻国产生威胁。这并不意味着一定会爆发战争，但是爆发战争的可能性是存在的。这是一种思考问题的方式。

未来美国任何总统想把军队派往世界某个角落去打仗都更难了，除非发生重大事件。不要忘记，美国人民虽然可能会沉睡很久，但一旦被惊醒，所有这一切都会迅速发生改变。"二战"初期，美国公众完全不想参与，尽管罗斯福总统认为应该介入。

1940年，国会甚至投票禁止义务征兵制。但珍珠港事件爆发后，一夜之间就全变了。

（格雷厄姆·艾利森是哈佛大学肯尼迪学院教授。本文由"一带一路"百人论坛专家委员会委员方晋采访整理。）

【英】罗思义

TPP 没戏了，中国有戏吗

美国当选总统特朗普宣布，其上任后的第一天就要执行将美国从跨太平洋伙伴关系协定（TPP）中撤出的命令。国际舆论普遍认为，美国退出 TPP 对中国来说绝对是好消息，中国将取代美国引领全球化。对中国来说，事实果真像他们分析的那样乐观吗？

尽管奥巴马和美国的大资本财团拼力营救，日本、新加坡大造舆论，仍没能拯救 TPP 的命运。这确实是中国、美国的工薪阶层以及亚太地区国家的好消息。TPP 建立在美国跨国公司掌控的延伸机构之上。相反，中国区域全面经济伙伴关系（RCEP）提议的核心内容是促进各国家政策的融合，将沟通障碍降至最低水平。

然而，即便特朗普对 TPP 投了反对票，他的贸易政策依然有巨大的不确定性。在总统竞选过程中，他指责中国是货币操纵国，建议实施保护性关税等，目前仍不清楚他究竟会如何实施这些政策，希望他会放弃。

特朗普曾宣布将与各国签署双边协议以取代多边协议，如果他坚持以这种策略维护国家利益，未来这些双边协议或许会显现类似TPP的特征。

目前，美国社会内部存在深深的疑虑，没有一股主流力量支持中国在全球化中扮演领导角色，因此RCEP不会受美国待见。特朗普可能会阻挠RCEP取得的任何重大进展，日本和新加坡也会频频跳出来挡一下。

然而，美国的信誉已因TPP的失败而大打折扣。亚太地区的多数国家青睐自由贸易，对全球化举双手赞成，这与他们的国家利益息息相关。TPP流产后，他们支持中国的RCEP提议也在情理之中，阻挠RCEP的势力会大大减弱。有几个国家，比如澳大利亚，已经明确表达这一态度。

欧盟（特别是德国）和英国支持全球化，并认为这一切应由美国引领，中国引领全球化的提法让他们颇感新鲜。不过，既然不论美国的态度如何，欧洲都决心推进全球化，他们会谨慎对待中国的提议。

那么，中国自身做好引领全球化的准备了吗？

"引领"这个词有两层含义：一方面，"引领"意味着领先的思想。中国有必要具备引领意识，也已做好准备。习近平主席在G20杭州峰会以及APEC会议上的讲话，为全球化的未来提出了明确框架。中国的学术和政策层还就相关问题做了大量细致详尽的讨论。可以说，中国是当前自由贸易和全球化旗帜鲜明的代言人，对全球经济发展关键问题的思考世界领先。

另一方面,"引领"也意味着搭建一套框架,从组织层面引导全球化。当美国1945年创建当代世界秩序时,它的GDP总量占世界总和的30%~50%,是世界上最多产的经济体,美元是被各国广泛认可的货币;美国的决策对包括大西洋和太平洋在内的两大全球经济中心起决定性作用。

依据当前的汇率,中国的GDP约占世界的15%,人民币也并未完全成长为国际认可货币,生产率只有美国的1/4,仍需要数十年的发展才能与美国的综合实力相接近。

中国还不能像美国一样直接从组织层面引领世界。中国可以带领RCEP在亚太地区倡导全球化,但远未强大到带动欧盟推进全球化的地步。由于中欧关系与美欧关系不可同日而语,在太平洋地区容易实现的目标,未必能在大西洋地区一帆风顺。

而在亚洲,中国能在相对较短的时间内与其他国家建立全球化组织,以促进亚洲地区的发展。所以RCEP是相当关键的一步,只有成功实现这一目标,中国才有可能与欧洲建立同美欧相似的强健关系。

所以,从思想的角度,中国能够扮演引领角色,但从组织的角度,"引领"还不太现实,中国需要与其他国家合作,促成此类架构的诞生。

这也意味着,中国必须清晰地表明对全球秩序发展的看法。中国将发展优先权赋予RCEP是完全正确的做法,这有助于在亚洲搭建框架。中国需要继续扩大G20的作用,争取IMF和世界银行改变经济监管规则,即中国必须与其他国家合作,创建监管机构,为经济全球化提供组织框架。

(罗思义是中国人民大学重阳金融研究院高级研究员、英国伦敦经济与商业政策署前署长。本文由冯国川译。)

【美】罗伯特·A. 曼宁

中美关系决定着全球化的未来方向

中国正在逐渐崛起并承担重要的全球领导角色,这对正处于转变之中的国际体系而言至关重要。中国已成为全球第二大经济体和军事强国,是核大国和联合国安理会常任理事国,拥有3万亿美元的外汇储备。

在过去35年中,尽管一直在警惕外界的遏制,中国依然从布雷顿森林体系、自由贸易和国际金融合作中获益。

中国人显然明白,如同美国自1946年以来所做的一样,向全球提供公共产品不仅是使中国和世界互利共赢的手段,也是奠定自身全球领导地位的关键。中国正在塑造全球规则,同样中国也接受这些规则的约束。中国在1997年的亚洲金融危机与2008年世界金融危机中所发挥的作用、亚投行的创建、人民币"入篮"、中国在联合国中的角色、参与维和行动、关注气候变化、"一带一路"倡议,所有这一切都是证明。

美国曾执意入侵伊拉克,也拒绝批准联合国《海洋法公约》。大国都会面临诱惑,为追求短期利益令规则屈服于实力,让其领导地位的合法性陷入风险。中国未来完全可以利用其实力来推动规则,但更要避免犯下美国曾经犯下的错误。

中国追求全球领导地位恰逢全球体系遭遇自"二战"以来最困难的历史时刻。全球化是过去几十年世界发展的重要趋势,但人们对这一概念的认识正在发生改变。

20世纪90年代,互联网的出现使主流舆论认为,信息、资本、人员以及观念的自由流动是推动进步的关键力量。现在,人们对于全球化的看法变得模棱两可。全球化的负面因素被认为是国家内部以及国家之间不平等的源头。全球化甚至给地区身份认同带来"威胁"。来自中东地区的大规模移民潮使欧洲陷入冲突。西方社会的反全球化愈演愈烈,带来英国"脱欧"、特朗普胜选、民粹主义浪潮加剧以及20世纪30年代式的民族主义。

此外,全球范围内的不确定性在增加。全球贸易体系、反恐、核扩散、中东地区冲突等成为威胁稳定的风险性因素。美国未来在日益多极化的世界中所扮演的全球角色也开始受到质疑。

从过去的经验看,国际体系的运行情况与大国的投入有关。大国对全球体系的塑造,反映了世界日益多极化的现实,中国、美国和其他大国所面临的挑战也在修正和改变国际体系,以不断扩大繁荣与安全的循环。

任何一个国家的外交政策都是内政的延伸。随着中国落实十八届三中全会所做出的深化改革的决定,其在加强全球体系,构建以合作为主的中美关系方面所发挥的作用将会进一步增强。

同样,美国是继续坚持国际主义外交政策、创新高科技经济以及切实可行的民主,还是屈从于保护主义、民族主义和威权民粹主义将十分关键。如果是前者,美国将成为推动进步和全球化的积极力量;如果是后者,美国就将成为分裂和争抢势力范围的消极力量。

未来,推动抑或阻碍全球稳定的一个重要因素将是中美关系。如果合作大于竞争,那这两个规模最大的经济体和军事强国就将成为进步的全球领导力量。中美各自的道路,将会决定这一关系是否会进一步延展。

(罗伯特·A.曼宁是美国大西洋理事会布伦特斯考克罗夫特国际安全中心"战略远见计划"高级研究员,曾担任美国副国务卿高级顾问。本文由王晓雄译。)

【俄】伊戈尔·伊万诺夫

俄中应像松竹一样和谐伴生

国际生活中有各种各样的纪念日,即将到来的一个周年纪念值得我们特别关注,这就是《俄中睦邻友好合作条约》签署15周年。该条约于2001年7月16日在莫斯科签署,我有幸参加了这项条约的拟订工作。我认为,该条约的签署堪称俄罗斯21世纪初取得的最重要外交成就。对一个国际条约来说,15年的时间并不长。然而,值得一提的是,两国间的上一项历史性协议——签署于半个世纪前的《苏中友好同盟互助条约》,诞生于1950年2月,但在签署的10年后就在事实上失去了存在的意义。

而2001年签署的这一条约不仅经受住了时间的考验,还对整个俄中关系产生了非常积极的影响,在实践中展现出"新型大国关系"的有效模式。

我不想在这里引用过去15年来俄中经贸关系增长的统计数字,历数解决具体问题的大量协议与合同,抑或援引面对危机形势时两国在世界各地区成功合作的例证。我只想谈谈两国关系模式的几个特点。

首先，俄中合作伙伴关系不损害任何第三国的利益，其发展走势由两国安全与发展客观要求的内部逻辑决定。因此，俄中合作不对邻国或其他大国带来威胁和挑战，无论这个国家在西方还是东方。

其次，俄中两国并非相互"制衡"的关系，而是在政治、经济、人文和其他领域互惠互补。

当然，俄中关系并不完全对称，但现有的非对称不会导致强大伙伴将其意志强加于较弱小伙伴，也不会导致等级秩序的产生。相反，双方在每个具体情况下都在努力寻找彼此都能接受的利益平衡，相互做出合理的妥协与让步。

最后，双方成功找到最灵活的合作方式，并能根据具体合作领域对其进行微调。这一协作方式中没有刚性的官僚主义束缚、复杂的协商程序以及可能阻碍合作发展的一经制定永不改变的固定机制。15年来，双方成功建立起由多个互补制度组成的完整体系，其中每个制度都有自己的逻辑和发展轨迹。

我曾于2002年发表过一篇关于俄中关系的文章，其中用了一个意味深长的中国传统艺术形象比喻两国关系的特点：相伴生长的松树和竹子，它们的根紧紧缠绕在一起，互相支撑，构成了一个和谐的生态系统。我认为，这一世代和平的象征非常准确地反映了两国现阶段关系的本质。

同时，合作水平越高，发展道路上要解决的任务就越复杂。这些新任务要求不断完善合作机制，在双边关系领域和国际舞台上寻找新的合作形式和机会。

2015年，俄中贸易额下降200亿美元体现了两国经贸合作中存在一定的结构性缺陷。当然，也可以像某些官员常试图证明的那样，这一数字可以归结为总体不利的国际环境。俄罗斯对国际原材料价格走势依赖严重，而且从各方面迹象看，这些价格具有长期的负面走势。同时，中国的人力成本在上升、环保标准更严格等一系列因素的存在，使得中国的消费品与东南亚和南亚国家类似商品相比，对于俄罗斯的吸引力在下降。

这些客观问题在很大程度上具有市场特点，但对经贸关系进行深度结构性改革的必要性仍然存在。而且，这一必要性越来越清晰。例如，当几乎所有贸易额都集中在几家大型国有公司或国家参股公司身上，并且它们不具备采取决策的深度和效率时，恐怕无法期待两国贸易关系的快速提升。而且俄中贸易的这一现状若继续存在，恐怕无法推动大量中小企业的合作。

我们必须承认，尽管近几年俄中合作成就斐然，但俄中两国社会彼此仍存在一些不了解的地方，而且有些了解又往往来自从西方媒体并不客观的报道中获得的对另一方的信息。两国的社会意识中或许仍存在着许多继承于20世纪的成见和偏见。我们在社会团体联系、科教领域合作项目等方面显然做得不够。过去两年，中国赴俄游客量暴涨，我们感到高兴，与此同时，我们为提高整体人文合作质量而做的不懈努力仍将继续。

我想特别强调，俄中两国有必要在未来全球治理的根本性问题上进行更主动的联合。例如，俄中两国绝不能无动于衷地坐视美国及其伙伴的地缘政治野心，不能让俄罗斯和中国被排除在跨太平洋伙伴关系协议和跨大西洋贸易与投资伙伴协议两个新的西方地缘经济项目之外。要知道，这两个项目很快将会辅以相应的地缘政治结构，直接影响我们两国的长期利益。现代国际关系的发展走势将一个任务越来越紧迫地摆在了俄罗斯和中国面前：在全球治理关键问题上进行更紧密协作，使两国在新世界秩序的形成过程中继续起到与其地位相称的作用。

（伊戈尔·伊万诺夫为俄罗斯国际事务委员会主席、前外交部长。）

【俄】亚历山大·加布耶夫

俄对华信任超过中国人预想

普京总统刚对中国进行国事访问，两国元首为今后一个时期两国关系发展做出新的战略规划。应该说，中俄关系处于历史最好水平。

然而，"光头党"谋杀中国人、俄专家推演中国七步收复远东失土、俄罗斯将好武器卖给印度不卖中国……这些信息相信会让一些中国朋友误认为俄罗斯对华不够信任。笔者由于工作关系，时常往来于中俄，理解中国一些民众对俄罗斯存有的疑虑，但俄罗斯官方、民间对中国的信任程度比中国人自己预想的要高。

领导人层面，两国一直保持密切沟通。中俄国家元首至少每年双边、多边场合会晤三次，且不拘泥于形式，议题比较开放。

在双边关系上，最重要的内容是经济。普京总统最近一次访华已就莫斯科至喀山之间的高速铁路合作项目达成协议，许多承包合同商和制造商将是中国公司。两国元首还就 TPP 进行了讨论，华盛顿及其盟国不断推动这一贸易协定，而没有参与这一协定的中国和俄罗斯将会找到办法进行合作。

共同的安全关切也在不断拉近双方间的距离。2016年1月朝鲜试射导弹后，美国开始在韩国部署萨德系统，有损中俄战略安全。俄罗斯一直努力寻求与中国共同反对美在欧部署导弹防御体系，但毕竟欧洲距离中国太遥远。但现在，萨德就在中俄家门口，双方必须形成联合战略。

毋庸讳言，一些俄罗斯人担心中国在中亚的影响力不断上升。这些人认为，中国正在俄后院施加影响力，而俄罗斯必须有所反应。但同时，西方国家在该地的所作所为，让更多俄罗斯人适应中国的存在，并理解到：中国也与这些国家是邻国，从地缘政治角度看，它们同样也是中国"后院"。在远东开发问题上，卢布贬值后，大批中国人感觉挣钱少而离开，这让更多俄罗斯人相信——中国人对俄远东领土无非分之想，"淘金热"背后是经济动因。

在输油管道和石油价格问题上，俄罗斯并不担心中国。如果正进入中国的油气意味着转移本应输往欧洲的油气，俄罗斯并不吃亏。若今后面临市场竞争甚至市场波动，俄罗斯企业只能怨自己。当然，俄罗斯还会推进输油管道多样化，以满足不同客户的需求。

还有一些中国朋友误以为俄罗斯不支持中国南海主张。事实上，这种观点不够全面。俄罗斯的南海立场十分明确而连贯——对哪个国家得到哪个岛礁不持意见，对历史也不持意见，保持中立。但就争端解决程序而言，俄罗斯并非中立，更多的是站在中国一方，反对非法无效的国际法庭判决或国际仲裁结果。这与克里米亚问题相似,俄方更愿与基辅当局直接谈判,而非通过国际法庭调停或"国际调停"。

（亚历山大·加布耶夫是莫斯科卡内基中心俄罗斯亚太项目高级研究员、主席,曾任梅德韦杰夫总统时期的新闻秘书。本文由曲翔宇采访整理,张培译。）

【澳大利亚】休·怀特

澳大利亚对华深陷政策两难

澳大利亚总理特恩布尔访华只有一个简单任务——在中国这个仍是世界增长最快、最有希望的市场提升澳大利亚的经济机遇。但无论澳大利亚国内还是地区内的境况，都使其在这方面面临困难。

随着中国经济增长放缓和一些深层次结构性问题显现，西方一些观察家并不看好中国经济前景。但特恩布尔对中国的改革表达了信心，认为中国领导层有能力掌控经济转型，从而为长期可持续增长奠定基础。他认为中国成功转型对澳大利亚未来经济发展至关重要，希望两国经济关系变得更加多元化，摆脱目前这种澳大利亚出口大量原材料供应中国国内投资热潮的模式。特恩布尔也希望澳大利亚能帮助中国满足不断增长的高端消费品需求，希望中国成为推动澳大利亚经济和技术创新的驱动力。

自特恩布尔2015年9月担任总理以来，创新与多元化一直是澳大利亚政府的关键主题。但在将这些想法转变成具体政策安排方面，特恩布尔面临严峻的政治困境。部分原因在于，澳大利亚国内政治正在经历艰难和动荡。过去澳大利亚政府一直十分稳定，1976年至2006年的40年间只有4任总理。但在此后10年中，澳大利亚已更换4任总理，特恩布尔之前的3任总理都被自己所在的政党赶下了台。许多澳大利亚人希望，聪明、有能力而又温和的特恩布尔能够恢复强有力、稳定和称职的政治领导。但到目前为止，这还没有实现。他在党内面临来自前任阿博特的支持者们的反对，同时难以融入国家领导人的角色，无法提出有说服力的政策纲领。

再有几个月，澳大利亚就将迎来大选。多数分析人士预计特恩布尔仍将执政，但可能会丢掉一些席位给对手工党，这将使他更难实现经济变革的抱负。

同时，特恩布尔对于澳中关系的追求也因中美战略关系紧张而面临挑战。这使澳大利亚陷入政策两难，因为澳大利亚人清楚经济发展有赖于紧密的对华关系，但同时认为澳大利亚的安全要依靠与美国的同盟关系。多年来，堪培拉领导人都乐观地向本国民众保证，他们无须在中美之间选边站。但随着中美战略摩擦升级，这种保证变得越来越不真实。

特恩布尔先生已为应对这一难题做好充分准备。较之其他澳大利亚政治领导人，他对地区战略对抗背后的驱动因素有着更深刻的思考，这在其就任总理前的一系列演讲和论文中可见一斑。他明白，中国崛起标志着亚洲权力平衡发生根本转变，以美国为主导的旧地区秩序必须据此发生改变，赋予中国更重要的领导地位。

但自就任以来,特恩布尔并未清楚地向民众解释这一点。澳大利亚政府最近发表的国防白皮书似乎也认为,美国未来仍是亚洲主导力量。同前任一样,特恩布尔在言论上对美国"亚太再平衡"政策表示支持,并呼应华盛顿对中国在南海行动的批评。但他拒绝追随美国领导,不愿加入美国在中国南海的巡航。另外,尽管澳美签有同盟协定,但如果美中在南海的对峙升级为军事冲突,堪培拉几乎肯定会拒绝对美国军队提供支持。因此,尽管特恩布尔会对中国在南海的行动表达关切,但他不会说任何可能危及与北京积极关系的话。他知道,澳大利亚未来的繁荣必须依靠中国。

同亚洲其他国家一样,特恩布尔先生希望亚洲不要冲突对抗,而是和平转变到新的、由中美共同发挥重要领导作用的稳定秩序。但他并不特别清楚他和他的国家如何帮助推动这一转变。

(休·怀特是澳大利亚国立大学战略研究教授。本文王晓雄译。)

【美】乔纳森·波拉克

全球化"寒潮"中的中国改革蓝图

编者按：全球经济增长乏力，贸易保护主义抬头，新兴经济体与西方国家如何消解发展分歧……面对如此难题，G20杭州峰会为世界开出了中国"药方"。《环球时报》联合盘古智库，邀请中、美、俄三国学者汇聚圆桌，展开讨论。

在杭州召开的G20峰会恰逢国际经济困难时刻。国际货币基金组织将全球经济增长预期下调至3%以下，这已经是连续第二年低于这一分水岭。许多主要工业国的民众对于全球化的支持度不断下降。2016年6月底的英国"脱欧"公投对欧盟一体化和经济开放造成了沉重打击，其所带来的更长远影响才刚刚被感受到。

美国总统大选中体现出对全球化支持力度不断减弱，这最令人担忧。共和党总统候选人特朗普一直在持续地攻击现存的贸易协定，他还说要对中国、韩国、墨西哥和其他对美市场的主要出口国的出口产品施加高额关税，这些都是公开违反世界贸易组织规则的行为。民主党总统候选人希拉里则公开反对通过"跨太平洋伙伴关系协定"（TPP），而这是奥巴马政府"亚太再平衡"政策的核心支柱之一。

希拉里立场的转变尤其反映了美国公众对于自由贸易的支持力度在减弱，越来越多的美国民众认为，全球化一直在危害美国的利益，因为与之相伴的是美国工人的弱势地位。随着产品制造被外包至工资水平更低的经济体，他们的工作机会丢失，而且无法确保相同收入水平的新就业机会。然而，对于全球化所带来的好处，包括美国工业出口市场份额大幅提升，美国经济获得高质量、民众支付得起的消费产品，等等，很少有美国政治家准备提醒大众注意，而这些都是全球化进程的标志。

因此，今年的G20峰会将遭遇强大的阻力。尽管难以去除经济开放的障碍，也很难协调G20成员国的货币和财政政策，但中国和其他G20成员国已经做好准备，通过一系列会议，为未来确立富有雄心的目标。习近平主席就宏观政策协调新机制、推动欠发达地区可持续发展、将G20转变成为全球治理平台等提出一系列重大目标。

这些目标可以达到吗？作为2016年G20峰会的主办国，中国有足够的动力呈现出有关全球经济改革的重要思想。中国已经发出一系列重大倡议，实现这些倡议的前提是G20能够成为推动全球经济增长更加积极、更有力的机制。这些目标是改革蓝图，下一步应落实为详细的行动计划。要形成真正的政策共识，就约束各方的规则达成一致以及落实路径，依然充满挑战。

事实上，中国越发将自己视作经济领袖，而非跟随者。与此同时,中国也承认,美国和中国加在一起的经济力量和触角为两国扮演了一个独特的"经济稳定器"角色。中国或许把自己视作世界最大的发展中等经济体,但现在的中国已经远不止于此,这为其带来了特殊的责任以及领导地位提高的可能性。鉴于在2016年的峰会召开前数月便已经开始进行精心的准备和磋商,至少人们可以乐观地认为,对于所有参与者而言,所有的思考都是充实的、坦诚的。

在杭州的峰会上,G20的所有成员国将会更多地了解到中国针对贸易和投资保护主义所提出的解决举措。无论是参加会议的发达国家还是发展中国家,一个以结果为导向的杭州会议都有助于指明未来的方向。

(乔纳森·波拉克是美国布鲁金斯学会约翰·桑顿中国中心原主任、资深研究员、盘古智库学术委员。)

【德】哈特穆特·马厚德

变化中的世界亟须中欧增进合作

不确定性成为美国总统特朗普上任以来的显著标签之一。目前来看,特朗普政府的经济和安全政策皆是如此,这带来一些风险。比如,他的贸易保护主义倾向并不意味着美国将会获益,反而会让所有相关国家都变成输家。世界相互依存,特朗普却想割裂美国和世界;世界是复杂的,特朗普却想怎么简单怎么来。

吊诡之处在于,这样一个特朗普却并不与历史完全格格不入。美国正在衰落,逐渐失去对世界的主导和掌控。美国是冷战中的赢家,在苏联解体后几乎独自主导世界政治十多年。但现在,其他国家正在崛起,美国已无法再像过去那样将自身意志任意强加于某个地方,比如中东就是一个最明显的例子。毋庸置疑,特朗普凸显和加剧了美国的这种衰落趋势。但在某种程度上讲,他代表的又仅仅是这个长长下滑楼梯上的一大步。特朗普是一个警钟,虽然不受欢迎,但一个新时代已开始初现端倪。

美国加速衰落,让那些曾从美国统治全球的能力中获益,或正准备崛起以获得类似主导能力的国家感到惊讶。前种情况的例子是欧洲，后种情况的例子是中国。二者现在都面临着加速实现各自发展进程和目标定位的压力：欧洲必须尽快觉醒并掌握自身命运，中国则不得不在不确定性剧增的世界中承担更多责任。

毫无疑问，世界已变得多极化，而非两极化或单极化。其他国家和地区也都希望成为这场全球"冠军联赛"的玩家，比如印度、巴西、俄罗斯，还有非洲和伊斯兰国家，等等。但无论它们有着什么样的历史记忆或对未来怀有什么样的希望，至少在未来一段时间里，它们依然只能算是"超级联赛"选手。只要俄罗斯还没走上一条更加均衡、更有前途的国内发展道路，它就无法获得某种全球性的领导角色。只要印度社会依然表现为某些领域极度落后与技术方面卓越进步的"撕裂"状态，它就很难被视作一个真正有竞争力的国家。至于阿拉伯国家，就更不用说了，目前依然前景迷茫。

大概5年前出版的一本有关第一次世界大战的里程碑式著作，把欧洲人称作"梦游者"，因为他们在1914年时根本不知道自己将要去向何方。那么今天，欧洲人再次处在"梦游"状态了吗？确实，欧洲过去一直生活在美国军事实力的荫庇和保护之下（英国前首相丘吉尔1946年曾这样说）。欧洲从美国所扮演的世界警察角色中获益最多，正因如此，欧洲国家政府才能玩起有时显得颇为幼稚的国家主权游戏。只要美国的安全保障还靠得住，欧洲国家的不负责任就无伤大雅。英国"脱欧"便是这种不负责任的惊人例证，这种堪称时代性的错误不仅可能会将英国拖入难以维系的境地，还会削弱欧盟这个整体。

3月中旬，德国总理默克尔访问美国并首次与特朗普会面。当时，一些媒体将默克尔称作"自由世界的领袖"，但这只是一种幻想，连默克尔本人都不认同。毕竟，德国还不具备承担这一角色的关键品质和实力，其他欧洲国家也不会接受德国的领导（当然，它们也不会接受任何另外一个欧洲国家的领导）。要想在世界政治中占有一席之地，欧洲只能选择以一个统一联盟的形式出现，否则很难获得存在感。

在此背景下，除英国外的欧盟27个成员国政府首脑曾聚首庆祝《罗马条约》签署60周年。正是该条约在1957年的签署启动了"共同市场"项目，为建立今天的欧盟奠定了基础。与会欧盟领导人们怀着一个共同"愿景"，即对来自全球以及内部的那些前所未有的挑战做出回应：地区冲突、恐怖主义、日益加剧的移民压力、保护主义、社会和经济不平等，等等。对此，这次欧盟特别峰会给出的答案是：通过更大程度的团结和一致，让欧盟变得更加强大、更富弹性，进而在国际事务和全球化过程中发挥关键作用。

面对美国的加速衰落，中国同样面临挑战：它要比预想中更早地承担相应责任，避免全球性灾难的发生，帮助世界找到通向可持续未来的道路。现在，世界对于可信赖性和智慧的需求较之以往任何时候都更迫切，而中国恰能提供这样的价值。

美国全球地位的式微，也使世界对于中国与欧洲合作的需求大增。不仅如此，中欧合作还应经历一场革新，因为这已经是一个觉醒、变强、统一的欧洲与一个负责任、更加开放包容的中国之间的合作。

为此，中欧双方应进一步增进彼此的了解。同时，它们不应忽视这样一个事实，那就是美国仍是一个强大国家，只是它确实在衰落。另外，中欧双方还应协调彼此的经济发展道路；开始共同承担世界和平与安全的责任；寻找和实施全球性可持续发展的路径；将其他国家和地区纳入进来，使其融入"我们共同的未来"愿景中。事实上，该愿景就是30年前一份联合国报告的标题和主要内容，旨在寻找一种全新发展道路。

美国总统特朗普"开倒车"的行为，很可能导致这样一种极为尴尬的后果：他使我们的注意力偏离正确方向，没能关注到21世纪的真正挑战。这就需要中国和欧洲携手，将我们被带偏了的注意力扭转过来，共同向前看。

（哈特穆特·马厚德是德国科隆大学历史系教授、法国尼斯欧洲研究中心［CIFE］研究与发展中心主任、德国柏林欧洲政治研究所［IEP］理事。）

【美】帕拉格·康纳

基础设施建设改变地缘政治

基础设施是重要的全球公共产品

若以传统视角观之,"二战"以来最重要的全球公共产品就是安全和稳定。美国既有军事实力又有同盟体系,因此被认为是国际安全的头号供应国。但现在又出现了另一种极为重要的全球公共产品——基础设施建设。就像每个国家都需要安全一样,它们同样也都需要基础设施。在这方面,中国无疑是主要提供方。如对两者加以比较,我认为当前环境下基础设施更为重要。

当今世界,纯粹意义上的国家间跨边界大规模战争几乎不再发生。尽管俄乌或印巴等一些国家间仍有龃龉,但那只能称之为争端或边界争议。从某种意义上讲,大规模战争已变成过了时的地缘政治手段。虽然地缘概念仍然重要,但现代意义上的地缘政治运作方式已然改变。国际关系中的博弈说到底还是国力强弱和影响力大小的比拼,这取决于其中一方能在多大程度上对另一方施压。施压方式很多,比如同对方邻国结盟、持有对方债券,甚至还可通过打仗。但我认为,更聪明的方法可能是参与对方国内基础设施建设和运营，打造供应链方面的依赖。在这方面，中国做得比谁都好。

实际上，美国、中国乃至欧洲一直在国际战略层面进行博弈。即便在10年前，中国还相对较弱，美国优势明显。但现在再看，虽然美国仍是世界头号军事强国，但中国的国际战略显得更加"兼容并包"，它把打造全球互联格局看得和军事同等重要，甚至更为重要。还想通过遍布全世界的大规模军力部署、借助核武器和军事干预惠及全球70亿人口？恐怕行不通了。通过基础设施实现这个目标呢？或许可行。这就是基础设施建设对于当今世界的价值所在。

中国发展契合国际秩序深层演进

国际秩序正在经历某些常人不易察觉的深层演进。虽然世界各国发展方式和程度不尽相同，但很多国家面临的共同问题在于规划不够合理，至少跟中国相比是这样。可以说，中国是唯一一个如此锐意推动城市化和再规划的国家，这也使其在战略规划层面契合了国际秩序深层演进的两个重要特征。

其一，基础设施较之国家政权更为长久也更重要，"互联"的力量远远强于政治和军事力量。比如，部分中东国家虽然政权更迭频繁，但其已经建设起来的输油管道等基础设施却还在那里。再如，"丝绸之路"虽有3000年历史，但到现在仍以新的形式复兴和存在。实际上，在世界大部分地区，发挥"连接"

作用的铁路、输油管道以及通信电缆等都有着比相关国家政权更长时间的存在。它们重塑着不同地区人群和经济体间的关系，同时实现了土地、劳动力以及资本产出的最大化。

其二，城市较之国家变得更加重要。每个国家都要依靠城市，但问题是，很多国家往往都是依靠某一座主要城市作为经济引擎，比如印度依靠孟买，菲律宾依靠马尼拉等。而中国则是依靠多个超级城市群。现阶段中国已有24个超级城市群，这些城市群本身已很富足，它们之间还保持了包括国内直航和高速铁路在内越来越多的互联。之所以中国现在变得更强，是因为这些超级城市群变得越来越强。

现在，美国也应去做中国正在这两方面所做的事。就基础设施而言，100年前或50年前，美国也在建设基础设施，但现在不怎么做了。奥巴马政府8年前曾许诺修建8条高铁线路。可现在呢？一条都没建成。未来美国或许会有改变，虽然希拉里和特朗普在大多数议题上观点迥异，但他们都认为美国需要更加关注基础设施领域。就超级城市群而言，尽管中国国内拥有众多不同方言、文化和历史，但它仍然实现了再规划，形成那么多超级城市群。可是美国目前只有纽约和洛杉矶两个人口超过800万的超大型城市。在这方面，美国还需更多努力。

"一带一路"比"亚太再平衡"好

除了以上这些影响，"互联"还使国际政治格局呈现出权力下放的趋势。比如，英国"脱欧"或苏格兰试图脱离英国，表面上看好像是在逆全球化而动，不利于一体化大趋势。但实际上，大的共同体越是分离成小的国家，越有利于全世界互联互通，因为国家越小，越是需要彼此依靠才能生存。70多年前世界只有大约50个国家，现在数量则超过了200个。伴随这个过程，全球化无疑是在向前迈进。

世界终究会向多极化和多文明共存方向发展，权力也会相应分散，不会存在绝对头号强国。美国虽然仍是世界第一，但它如今也已不复当年之勇。在中国、欧洲乃至印度的影响下，美国不再可能重拾它在过去某些特殊时期所拥有的那种权力。放眼未来，权力分散和"多极"共存不会是零和博弈，而是相关各方相互依存，实现共赢。

比如，基于有限历史逻辑、民族主义或地缘政治思维，中美之间似乎有足够多的理由互不相让。但事实是国际政治的结构正在改变，谁都无法控制这种结构性变化。这个世界既不属于美国也不属于中国，而是正在形成一种多极秩序。就在几个月前，中国有史以来首次采购美国原油。这个交易从侧面反映出某种有别于传统地缘政治的战略和心理转变，表明中美不应总是瞄着对抗，而是可在能源、技术、金融以及气候变化等诸多领域展开合作。另外，有关中俄联手对抗美国的说法也有待商榷。中俄之所以走近，主要是因为双方在打造欧亚大陆的供应链方面具有互补效应。这种关系或许可称之为"供应链同盟"，但绝非传统意义上的军事同盟或意识形态同盟。

无论如何去看,"一带一路"都比"亚太再平衡"更好,只可惜美国人过去并未充分意识到这一点。不过现在,美国已经开始反思,想弄清楚下一步该如何走了。

(帕拉格·康纳是美国国家情报委员会顾问、新加坡国立大学李光耀公共政策学院高级研究员,新著《超级版图》。)

【美】文安立

成全球性大国，中国需慎之又慎

冷战史和当代东亚史权威专家、哈佛大学肯尼迪政府学院教授文安立（Odd Arne Westad）原籍挪威，曾任挪威诺贝尔研究所研究部主任，在伦敦政治经济学院国际关系学院创立过冷战研究中心，是《冷战史》主编以及多卷本《剑桥国际冷战史》主编之一。他的《不安分的帝国：1750年以来的中国和世界》一书和"中国要学习当大国"等观点近年也引起西方学术界的关注。应《环球时报》之邀，张梅博士10月初专访文安立时，他强调："中国在成为全球性大国的道路上必须非常谨慎。"

中国要成为全球性大国代价高昂

张梅：谈谈您研究中国的感受吧？

文安立：1979年我第一次到中国，在北京大学留学，那时"文化大革命"刚结束。能亲眼见证中国从一个大而穷的国家发展成如今这样一个世界大国，我感到十分幸运。我和中国社会科学院、华东师范大学、复旦大学都有合作，还有很多朋友或熟人来自中国外交部。我在伦敦政治经济学院负责冷战研究中心时,有一个针对中国外交官的6~9个月的培训项目。

张梅:一段时间以来,中国的和平崛起令世界关注,还有的担心中国很快成为一个全球性的超级大国。您认为,中国要成为"超级大国"还需要做哪些准备?

文安立:我不确定中国是否应该成为一个全球性大国,因为这相当困难并且代价高昂,需要花费大量的物质资源、战略力量、人力资源,我认为中国需要很长时间才能储备起这些资源。但中国已拥有一些资源,从一个贫穷的国家成为世界第二大经济体。我想很快中国就会成为最大的经济体。这是我们这个时代全球范围内最重要的变革,中国为此必然付出很多努力,但这并不意味着中国会立刻变得像通常理解的"世界大国"那样。即使中国成为世界上最大的经济体,但由于人口规模(庞大),中国仍将是一个发展中国家。我在中国许多地方旅行过,看到中国不同地区之间的巨大(发展)差异。中国在成为全球性大国的道路上必须非常谨慎。

中国需有大国支持和重要朋友

张梅:在成为负责任的大国方面,中国已做出很多具体的工作,如"一带一路"倡议、亚投行建设、参与国际维和、援助难民等。您认为,国际社会该如何看中国的这些贡献?

文安立:我认为中国承担国际责任对中国和整个世界都非

常重要。我希望中国能继续发挥作用。作为国际力量，中国在促进发展、维护和平以及推动国际经济、健康医疗等领域合作发挥着积极作用。你知道在美国和世界其他地方，总有一些人担心中国"崛起"，他们认为中国崛起速度太快或许将主导国际事务，但我了解的中国不太可能这样做。我非常确定中国现在正致力于发展，中国的实力主要表现在经济快速发展，这使得中国成为一个全球经济力量。在投资方面中国已经名列世界前茅，在技术方面中国也有成千上万的机会，这就是中国未来的样子。

张梅：您有一个观点是中国应有大国担当，也表示过中国确实面临很多外交挑战。您会给中国外交部门的熟人和朋友提哪些建议？

文安立：中国外交真的很难掌控，因此在处理国际事务方面还需要快速学习。非常重要的一点是，中国不必喜欢所有的国家，也不必与所有国家交朋友，但还是需要改善与一些国家及地区的关系，如与日本、韩国的关系。事实上，中国需要拥有大国支持和重要的朋友，更要处理好与印度尼西亚、越南、韩国、日本等国的关系。

东亚和平，中美关系就稳定

张梅：以中日关系为例，您认为安倍政府否认侵华历史，在这种情况下中日关系将怎么发展，只维持经济关系就可以吗？

文安立：我认为中日仅维持经济关系是不够的。无论是历史问题还是钓鱼岛问题，都对中日关系全面发展构成挑战，但只在经济事务上有往来可能会非常极端。我希望能避免这种现象。尽管中日之间有一段糟糕的历史，但两国仍相互依赖。你提到日本不承认在中国犯下的罪行，是的，我赞同你的观点。但多年以来，中日双方合作，中国也从中受益匪浅，所以两个国家必须要找到和解的方法。中国想成为一个大国，必须要更具创造力，如果说有胡萝卜和大棒，我认为（处理中日关系时）需要更多的胡萝卜。当然日本也必须改变其政策，使两国成为朋友。

张梅：美欧目前面临困境，在这样的背景下，中国能做什么？能否保持与美欧的稳定关系？

文安立：我认为中国有良好的机会与美国和欧洲保持稳定的关系。美国与欧洲不同。中国可以拥有的最好盟友就是欧洲。对美国来说，关键点是在东亚地区。因此，东亚地区必须保持和平。如果中国能与其大多数邻国——日本、韩国、东南亚国家保持和平关系，中美之间的关系就可以相当稳定。事实上，这种稳定关系已有相当一段时间。一旦中国与美国领导下的邻国发生冲突，那么美中关系可能会变得相当困难。

张梅：作为冷战问题专家，您怎么看现在的美俄关系，是不是依旧处于"冷战"状态？

文安立：我不认为美俄之间现在是一场冷战，因为经济形势已发生改变。当时苏联需要与全球资本主义制度体系竞争，而俄罗斯现在不用这样。今天的中国也不是这样。中俄将有能力在大国之间崛起。美国不是唯一的超级大国,它也在捍卫自己的利益,所以现在就有政府间的妥协,这与冷战时期完全不同。

(文安立是冷战史和当代东亚史权威专家、哈佛大学肯尼迪政府学院教授。本文作者是国务院侨务办公室侨务干校副教授、美国哈佛大学访问学者、中国与全球化智库研究员张梅。)

跋：中国的发展不是说翻就翻的小船

谢戎彬

环球时报社副总编辑

时隔近 3 年，《我们误判了中国》的姊妹篇《我们看好中国》就要问世了。

2015 年、2016 年、2017 年，对中国，对世界，都是不平静的三年。特朗普当选美国总统，英国意外"脱欧"，朝鲜连续试射导弹，"伊斯兰国"在中东遭遇重创，恐怖袭击此起彼伏……这么多的惊涛骇浪，让我们细看来不及，深思来不及，感叹也来不及。它们给国际政治和安全带来极大的不确定性，而且，这种乱局目前也看不到明显改观的迹象，未来也许还有更多的"黑天鹅"事件。

反观中国，则继续在复杂多变的国际舞台中充当"优等生"，发挥着"稳定器"的作用。外交上，经过近些年的积累，中国的"一带一路"倡议已经进入全面推进、初见成效的时期。随着亚投行、丝路基金和众多经济合作项目的设立，"一带一路"

正在从倡议进入实施阶段。2016年9月和2017年5月，在杭州举办的G20峰会和在北京举行的"一带一路"高峰合作论坛，"中国声音"振聋发聩，"中国方案"响应者众。经济上，随着经济结构的转型升级，中国进一步改变自身在国际产业链中的角色，网购、高铁、移动支付和共享单车成为中国新的"四大发明"。当然，中国发展仍然面临着不少突出的问题，就像一些媒体评出的2016年年度汉字——雾霾的"霾"字，空气污染问题所产生的影响，早就不局限于健康本身，已蔓延到中国经济和社会的方方面面。它就像是中国这些年来发展的一种象征——飞速、巨大，但也有沉重的代价。

不可否认，国际上"中国威胁论""中国崩溃论"的声音还是不少。这一方面是因为随着中国崛起成为既定事实，国际社会对中国的认知逐渐陷入理论准备不足的混乱逻辑之中。另一方面则是一些人对中国存在种种傲慢、偏见和刻意误读，习惯戴着有色眼镜审视中国。可惜，中国的发展不是说翻就翻的小船，这些带有意识形态偏见甚至政治私利的所谓预言，最后都打了预言者自己的脸。

所幸的是，这个世界对中国，有了更多客观、真实的认识。《我们看好中国》一书就是这些观点的一个集萃。这其中，有《环球时报》驻各国记者对国际学界的采访，有像土耳其总统埃尔多安、澳大利亚前总理陆克文这样的政要的亲自撰文。这些世界政要、顶级学者对中国进行了深度思考，既看到了中国越来越现代化、越来越漂亮的繁荣表象，更注意到了中国的外交政策更加自信,中国在更积极地融入全球事务。

　　中国的崛起被认为是 21 世纪最重要的全球地缘事件,甚至被有些学者评价为"几千年未有之变局"。那么,中国崛起的原因何在?"中国模式"是否已经成熟?这种模式是否可以为他国所借鉴,有何缺陷?作为本书的编者和还算勤勉的媒体人,我不敢去解答这些国际政治圈的"哥德巴赫猜想",但如果读了《我们看好中国》一书,能让关心天下事的读者做到开卷有益,那么,出版这本书的目的,就算达到了。

2017 年 7 月 17 日

编后记：让中国好上加好

谷棣

环球时报首席编辑

华文出版社独具慧眼。在 2015 年出版《我们误判了中国——西方政要智囊重构对华认知》并引起社会关注后，今年再出其姊妹篇——《我们看好中国——世界政要精英共论中国》。因这两本书，我们与华文出版社的两任负责人李红强、宋志军谈出版业的"那些事"，这些策划了很多"既叫好又叫座"的畅销书大腕们点子可真多，看得可真准。同时，《我们误判了中国》和《我们看好中国》两本书的责任编辑杨艳丽老师，又特别得敬业和专业，把《环球时报》的精品，如访谈、评论，又编排和串联得精益求精，好上加好！被我们诚邀写序的依旧是张维为和金灿荣两位大家，我笑称："虽创新不足，但传承有序"。

请外国人谈论中国政治、经济的话题，可读性和可信性最为重要。两年多来，无论是重新认知还是看好中国的全球政要、学者、商人或媒体人层出不穷。在《我们误判了中国》中谈论中国的大家——英国的史学家霍布斯鲍姆、俄罗斯的汉学家季塔连科、

我们看好中国

美国的战略家布热津斯基相继去世,正因为他们对中国的客观认知,很多中国学者撰文或在朋友圈悼念他们。在《我们看好中国》一书中,我们依旧能看到提出"软实力"概念的约瑟夫·奈、提出"金砖国家"概念的奥尼尔、写过"当中国统治世界时"的马丁·雅克等的精彩论断。正因为他们对中国长期、持续的关注和研究,才让世界对中国有了更多视角的认识。

客居在北京东交民巷,不经意间路过的都是有上百年沧桑历史的老建筑,当年的使馆区如今旧貌换新颜:日本人开的正金银行,现在是中国法院博物馆新馆;著名的六国饭店早已是接待大众的华风宾馆;昔日的法国邮政局重新装修,此前曾是一家餐馆;附近的东单体育场,曾是东交民巷使馆区各国驻军练兵、打马球的地方,现在是篮球爱者和足球爱好者的乐园。有时候,我在东交民巷饭店9层露天的老巷子花园撸着烤串,朝西望着黄昏中的"前门楼子",不由得会想:一百年前,这条见证着旧中国贫弱外交的老巷子,"洋人"们会看好中国吗?如今,成为第二大经济体的中国,让人羡慕、嫉妒,甚至被一些国家毫无必要地防范或警惕,这样的中国怎么会没有人看好呢?

与"看好"一字之差的是"希望好"。著名的美国"中国通"——乔治·华盛顿大学教授沈大伟几度解释在《华尔街日报》发表的"中国即将崩溃"的文章不是其本意后表示,"我不认为中国会崩溃,希望中国好"。如果看好中国,希望中国好,那么,一些国家就别对中国发展做太多不必要的干扰。至于我们中国人自己,踏实一些,再努力一些,让中国好上加好。

2017年7月20日于金台园